U0110028

三百六十分 多面人

旅德女作家黃雨欣作品集——散文卷

作者定居德國多年，對周遭事物的細微觀察與思考，在本書一一道來。

┃ 前言

三百六十分多面人

　　婚姻像圍城一說已是老生常談，本人在同一個城堡裏摸爬滾打了一十五載，可謂苦樂參半。到目前為止，即使在城中曾經瀕臨彈盡糧絕的艱難時刻，也從未動過突圍的念頭，因為這座城堡是我們在尚不明確婚姻是「圍城」還是「天堂」的時候，就像燕子銜泥壘窩一樣一沙一石修築的，不管它在外人眼裏輝煌也好，破敗也罷，總是揉進了我們共同的心血和汗水。城堡裏的兩個主人經常是一個城外狩獵，一個城裏牧羊，這時雖天各一方卻心有靈犀，遇到他人駕臨城下，總是「朋友來了有好酒，若是那豺狼來了，迎接它的是獵槍」。

　　這個時代，我們面對的生活是多姿多彩的，婚姻的內容和實質也不可能總是一成不變，面對這些，現代人當然不能囿於一種角色的乾熬苦耗，應該具有隨遇而安的超脫，同時也要具備隨機應變的靈活。我夢想中的婚姻境界是：如果婚姻是大海，我就是那海裏跳躍的游魚；如果婚姻是藍天，我就是那天空自由的飛鳥，哪怕婚姻只是一根木頭，我就是那立志用它撬動地球的阿基米德。即使婚姻是城堡，城裏的我們就是這個城堡裏勞苦功高的創造者和心安理得的擁有者，婚姻的城池需要靠責任和多年相濡以沫培植的親情來固守，而不是形式上形影

不離的羈絆與牽制。如果城堡裏的人都有能力釋放自己的同時保持心靈的自由，又何需左突右衝勞民傷財地圍城又破城？也就是說，在婚姻中，除了你自己沒人能真正圍困得了你。

丈夫工作的性質使我們多年來聚少離多，相聚的日子我會以他為軸心，心甘情願地做他身後的女人。因為我知道也許不出兩個月，我又會恢復一家之主的地位，在屬於自己的天空隨心所欲地呼風喚雨。曾有朋友戲稱我是婚姻的兩面手，實際上，在現實得不能再現實的婚姻中，兩面手已經遠遠落伍，多了不論，單看這一上午的六個小時裏，我已不由自主地變換了許多個面孔：

兩歲的小女兒生物鐘簡直比石英錶還準，在霸占了爸爸的位置，翻跟頭折把式地酣睡了一夜後，早晨7：30準時睜開了她那雙毛茸茸亮晶晶的黑眼睛。此時，她並不急於吵醒身邊的媽媽，而是自己扳腳丫擺手指咿咿呀呀地自得其樂。等玩膩了，又開始在媽媽仍然睡意闌珊的臉上大作文章，用她稚嫩的小手指一會兒捅捅媽媽似睜非睜的眼睛，一會兒又捏住媽媽的鼻孔，直到把她充滿奶味的小嘴湊上來，把媽媽親得滿臉濕漉漉……這時，我顯然已無法貪戀被窩的溫暖，只好一骨碌爬起來，看看錶，時針已指向8：00，這一天裏緊張充實的多面人生活正式開始了。

先是關照大妞上學前的早餐，然後再把笑模笑樣的小妞從大床上拎起來，動作迅速地扒掉她的睡衣睡褲，再然後是換尿片、為她洗臉更衣、熱牛奶……半個小時真像箭一樣，「嗖」的一聲就飛將過去，這時的我真是一個十足的孩兒她媽。在一

不留神熱過頭的牛奶裏加幾勺多維麥片，放在一旁先晾著，順手塞給小妞一個她喜歡的玩具以轉移注意力，她就一扭一扭地跑到沙發上玩去了。這時，我從冰箱裏拎出一隻老湯雞，放在砧板上，心狠手辣地手起刀落，將之剁成幾大塊扔進湯鍋裏，灑調料、大火煮、小火煲，為一家人補充當天的能量做準備。大妞正值青春發育期，學習任務重、課外活動多，營養跟不上怎麼行？還有出門在外滿天飛的老公，為掙全家的麵包腦力體力高度消耗，體內所需的蛋白質得充分保證。這廚房裏叮叮噹噹的二十分鐘證明我還算是一個稱職的家庭「煮」婦。

　　回頭摸摸奶瓶，溫度恰好適中，此時小妞已將玩具丟在一旁，開始把我書架上她能夠得到的寶貝藏書一本本拽出來扔在地上用腳踩。我一把將她提起攬在懷裏，將奶瓶塞進她的小嘴，抱著她靠在沙發裏權當休息。

　　「滴鈴鈴……」還沒等喘上一口大氣，又接到小妹從國內打來的電話，她說：「老爸讓我問你，今年大妞的秋假回國嗎？」我答：「是準備回去的，但大妞假期只有兩個星期，我可能沒空回老家看爸了。」小妹不甘心地又問：「一個周末的時間都空不出來嗎？乘飛機不過一個半小時，去年老爸去北京看你們，今年你就不能抽空回來看看他？」我說：「看情況吧，能回我一定回……」我就這樣左手攬著吃奶的小妞，右手舉著話筒和小妹糾纏，此時，我既是女兒依賴的慈母又是小妹撒嬌的長姐，還是老父牽掛的愛女。

　　放下小妹的電話，小妞已將整瓶牛奶喝下，她從我懷裏掙開，自己打開了電視機的開關，又跑回沙發裏，等候天線寶寶

（Teletabis）的出現，我把頻道給她調準，此時9：00已過，朋友們已經該起床的起床，該上班的上班。一會兒，電話開始繁忙起來，有約我去採訪藝術作品展覽會的，我滿口應承：「我去，我去，一定去，到時我們再聯繫。」然後是我打給作者催討稿件，下期的報紙快出版了，提前組些稿子心裏有底。這時，我是忙碌的記者兼編輯，每期報紙出版後讀者或褒或貶的反饋，就是對我們筆耕的肯定。

　　不知不覺，一個小時又倏然而過，肚子咕咕地抗議著，方想起忙到現在早飯還沒來得及吃，此時廚房裏濃香四溢，雞湯早已煲好，我扯出一把麵條扔進湯鍋，煮一碗雞湯掛麵犒勞自己。這邊我正細嚼慢嚥著，那邊的小妞早已等得不耐煩，但見她雙手各拿一隻小鞋端坐在大門口，只等我放下碗筷帶她出去玩。吃過早飯，已快11點，我剛一穿外衣，小妞就開始雀躍著歡叫：「走走，去外外！」

　　正推著小妞散步呢，手機又響了起來，是我們的房屋建築師從工地打來的，欲同我們就一些建房的具體問題進行商討，我忙對著電話說：「請您稍等，我馬上過去！」接著又立刻打電話請來我們熱心的朋友，那是一對兒對房屋建築頗懂行的德國夫婦，我們約好了在工地見面，然後我就用童車推著妞妞徑直奔向三站地外的新房址。經過一個多小時的商談，雙方終於又進一步在某些細節上達成了共識，此時，我就是這個家庭的外交官。

　　從工地回來的路上，妞妞已含著水瓶歪在童車裏睡著了，我把她安頓在小床裏，又刻不容緩地打開電腦，利用這

難得的安靜時光，整理昨天夜裏的塗鴉之作，以普通作者的
身份通過電子信箱四下散發出去，做完這些，見妞妞仍在酣
睡，就索性將這一上午快馬加鞭的經歷總結成這篇小文，此
時已是下午2：00。

　　從起床到現在整整六個小時匆匆而過，在這短短的
三百六十分鐘的時間裏，我身不由己地不斷變換著生活的角
色，等大妞放學、小妞醒來、老公下班、親友來訪、文友來
電……還有更多數不勝數的角色在等著我。

　　其實，婚姻生活中我們每個人都是如此，每天用多面的角
色變幻出不同的身份，來應對並享受著多姿多彩的人生。

注：這是二○○四年草就的一篇短文，以此作為本書的序言。

目次
CONTENTS

113　*輯三　生活雜感* ◾

輯一

德國觀察

柏林地鐵親歷記

　　初到柏林時，感觸最深的就是那密密匝匝的鐵路網。我常常躑躅於地鐵站台，面對四通八達的鐵路通道，不知何去何從，生怕一旦鑽進去，便如入迷宮一樣再也鑽不出來。然而，事情證明，我的擔心是多餘的。雖然每一個地鐵站台都有無數個出口、入口，但不管你從哪裏進去，每走幾步都會遇到一個指示牌，上面詳細地標著經過本站的各路地鐵和公共汽車以及他們行進的方向。你只需知道自己要去哪裏，該乘哪班車，然後按照牌上箭頭所指的方向走就是。如果你連該乘什麼車都不知道，那也不必緊張，因為幾乎每一個地鐵站都設有資訊服務部門，穿制服的工作人員在站台裏隨處可見，你可以任意問詢他們當中的一員，只要你能報出你所要前往的地名，他們便會告訴你該乘什麼車，然後指給你一個準確的方向。除此之外，每輛車的車廂裏都貼有全柏林的地鐵交通圖，你只需抬眼一望就可知自己將如何換車，常見到乘客們人手一份縮小十幾倍的交通圖，那是為方便乘客，資訊台免費提供的。到柏林沒幾天，我居然能憑著手裏的交通圖指哪打哪了，雖然有時也發生南轅北轍的笑話，可向來方位概念芊勁的我竟然也能及時醒悟，並按圖索驥地返回原路，真得歸功於柏林地鐵這種便利的交通方式。

　　柏林地鐵還有一個非常突出的優點就是間隔時間短，通常幾分鐘就通過一列。所以，即使是上下班的高峰期，也很少見

到沒有座位的，平時總能遇到這種情形：偌大的車廂裏只有三兩名乘客。

就算熱衷於頻繁更換豪華轎車的人，如今也認為出門最重要的已不是開輛什麼車，而是最好有一張交通月票。因為，無論從哪方面考慮，乘坐地鐵都比自己開車方便、經濟得多。手中擁有一張月票，可以憑著它見車就上，中途隨意換車。而自己開車就麻煩多了，且不說那些種類繁多的苛捐雜稅，光是保險、汽油就是一筆數量可觀的開銷，有時幾天的停車費下來就夠買一張市內交通月票的了，這還沒算上停車超時或停錯地方被警察罰款。所以，柏林人即便是自己有車，兜裏還是少不了交通月票，更多的是雙管齊下。我的鄰居約丹早晨去公司上班時，把車開到亞歷山大廣場，然後乘十幾分鐘地鐵。他告訴我兩個不直接開車去公司的原因：一是公司附近的停車場每半時一馬克，一天下來少說也要二十幾馬克，而亞歷山大地鐵站的停車場卻是免費的；其二是自己開車上班要經過幾段繁華區，那裏經常塞車，這樣一來，別說十幾分鐘，有時一兩個小時也難趕到公司。

亞歷山大廣場原是東柏林的市中心，而今在柏林的交通圖上不過是偏城東的一個大站而已，從我住的地方就能看到那座世界著名的電視塔聳立於廣場正中直刺藍天。再看看我手上的交通圖，我距那裏才兩個厘米。於是，我頭腦一熱，竟跨上變速賽車直奔那誘人的目標而去。孰料，我馬不停蹄地足足蹬了兩個小時才達到目的地，卻根本來不及攀塔俯瞰柏林了，因為此時已經到了去幼稚園接女兒的時間，可我卻再沒有回程的時

間和體力，只好拖著賽車狼狽地鑽進地鐵，好在車廂裏允許帶自行車並專門開設了存放的位置。果然，十幾分鐘後，我按時接回了女兒，有了這次教訓，從此我再不敢以我區區之體力與這現代化的交通較勁了。

　　一位朋友曾向我抱怨：「柏林地鐵固然方便，可無論幹什麼去都是在地底下鑽來鑽去的，來這一年多了，還不知柏林究竟是什麼樣！」對此，我也深有同感，常常是想去哪裏就鑽進地鐵，雖然車廂裏燈火通明，可窗外卻是黑咕隆咚，什麼景致也看不到，等再從地底下鑽出來時，差不多就到達目的地了，哪有機會瀏覽市貌風情呢？經常如是，難免乏味。一次周末，在去使館留學生活動中心的途中，我突發奇想，這回偏不乘地鐵，而去乘雙層大巴。上車後，我有意選了一個樓上最前排的座位，透過面前明亮的大玻璃窗，街道兩旁的景致盡收眼底。大巴士晃晃悠悠不緊不慢地行駛在寬闊的馬路上，來柏林幾個月來，我還是第一次領略這歐洲文化氛圍濃郁的都市風光，沿途所見無不令我欣喜和興奮。那氣勢磅礴的博蘭登堡門，凝重莊嚴的聖母大教堂、藏龍臥虎的洪堡校園、君臨下屆的勝利女神都令我嘆為觀止。直到巴士晃到了終點，我仍意猶未盡，看看手中的交通圖，還有一大段路需要走，索性換乘另一輛大巴繼續晃，等晃到地方時，已是下午五點了，活動中心早已經結束了活動，我自然也就什麼事都沒辦成。取道回府時，再不敢戀景，還是鑽地鐵為上策。

一九九四年八月於德國柏林

史達林的耳朵

　　柏林有一條寬闊的主街道名為「卡爾‧馬克思大道」，這條筆直繁華的街道在柏林牆還未倒時是用前蘇聯另一位偉人的名字命名的，被稱作「史達林大道」，一尊史達林的巨型銅像就栩栩如生地屹立在大道最醒目的位置，威嚴冷峻地審視著這方被他踏在腳下的德意志國土。直到一九六一年，史達林的鐵腕政治被他的接班人赫魯雪夫全盤否定，甚至連葬身之地都沒給他存留。作為蘇聯老大哥鐵桿跟隨者的德意志民主人民共和國（前東德）當然不甘落後，發動群眾一舉搗毀了這位偉人的銅像，這個史達林在世時權力與主義的象徵在狂熱的政治感召下，頃刻間變成了一堆廢銅爛鐵，這條主街道的名字也隨之改稱「卡爾‧馬克思大道」。

　　當年，在拆毀銅像的人群裏，一位工人不知是出於對史達林這個曾經是一手遮天偉人的敬畏，還是對這尊巨型藝術品被人為毀壞的惋惜，他費盡心機地試圖從銅像上尋找一些完整的部位留作紀念，終於，他得到一個機會，於是趁亂偷偷拔下了銅像上史達林的鬍子和一只耳朵，多年來一直妥為珍藏。政治家們的是非功過隨著時代的變遷，已成為社會發展的歷史，當年所留下的一切便成了珍貴的歷史文物，老工人冒著政治風險保存下來的鬍子和耳朵更成了有關史達林的稀有遺物，這是當初人們瘋狂地搗毀銅像時所不曾想到的。

　　幾年前，這兩件彌足珍貴的寶貝終於在柏林一家展覽館重見天日，當時，前來瞻仰參觀的人絡繹不絕，大家望著史達林這只銅耳朵驚嘆不已，因為光看耳朵就已經巨大無比了，對於整尊雕像雷神一樣的銅骨風貌，後輩人是無論如何也想像不出的。和這只耳朵主人同時代的人顯然已經是耄耋老者了，他們遵循記憶的足跡緬懷逝去的年代感慨萬千。

　　然而，出人意料的是，這只沉重的銅耳朵在展出時竟然不翼而飛了，雖經多方調查搜索，可至今下落不明。震驚之餘，展覽的主辦者不敢怠慢，趕緊把史達林的鬍子從展廳撤下，藏在一個鮮為人知的可靠之處，以免史達林這個僅存的遺物說不定什麼時候，被那些手眼通天的神秘人物盜走。也許若干年之後，這宗離奇的展覽館失竊事件也會像老工人當年收存銅耳朵和鬍子一樣，成為史學家研究的話題。

大明星的「時尚話題」

迪特—波倫作為德國一家名叫「時尚話題」唱片公司的著名歌手，在普通百姓眼中可謂是大明星。波倫的歌迷們都知道，他的出名並不僅僅緣於他的歌聲迷人，他酷酷的外貌和他連綿不斷的緋聞，都是娛樂媒體追蹤轟炸的目標。

近來，波倫無意中又為媒體製造了一個爆炸性新聞，不過作為新聞的主角，波倫這回所扮演的角色卻不像以往那樣春風得意，他由大眾情人的形象搖身一變，成了非法私藏武器的嫌犯，頗出乎歌迷們的預料。而他的新同居女友深夜赤身裸體地在花園中狂奔的一幕，更成了人們街談巷議的話題。

事件的發生還得追溯到一個十八歲小女孩的錯誤報警，這個女孩名叫桑德拉，她既是波倫的歌迷也是一個十足的網迷，幾乎每天她都要在網上度過一段令人興奮的時光，通過上網聊天，她結識了許多網友，其中有個自稱是波倫兒子的「少年」，得到了桑德拉的青睞，很快他們就在網上打得火熱。事發的當天夜裏，桑德拉在網上又遇到了「波倫的兒子」，他和桑德拉聊著聊著話題就走了板，竟信口開河地聲稱自己身患重病，正隻身躺在父親的別墅中等待救助。天真善良的桑德拉信以為真，立刻撥打了報警電話。警察得到消息也不敢怠慢，迅速組織救援力量趕到波倫的別墅。當時波倫和年僅二十三歲的女友駕夢正酣，忽被闖入家中的不速之客打斷，他們哪裏知道

發生在網路這個虛擬世界裏的故事，還以為遇到了強盜劫匪，情急之下波倫摸出手槍一通狂射，然後胡亂套上Ｔ恤越窗逃跑。他的女友更是受到了驚嚇，衣服都來不及穿，赤身裸體地穿過花園，狂奔到鄰家別墅高呼救命。一心要救助心中偶像之子的桑德拉，無論如何也沒想到，她的熱情反而給她的偶像帶來了意想不到的麻煩，她正為自己由於天真而釀成的大錯而自責，追悔莫及地乞求波倫的寬恕。

真相大白之後，雖然只是一場虛驚，事件卻並未到此結束，當中牽扯到的人物都得為此付出了代價：少女桑德拉正被警方起訴濫用報警電話，大明星波倫也因私藏武器的嫌疑接受監察機關的調查，只有波倫那位網上莫須有的「兒子」無從查考，從此成了懸念……

愛情的「核武器」

　　德國姑娘蘿茜在例行體檢後大吃一驚，醫生告知她體內竟然含有劇毒放射性核元素，而且她所遭受的輻射量已經是遠遠超出正常值的十倍以上，驚恐之下，蘿茜慌忙報警求救。

　　警方接到報案後不敢怠慢，迅速展開偵破工作，經調查，初步排除了蘿茜本人在工作和社會活動中遭受核輻射的可能性，最後他們把調查的重點放在了蘿茜的日常生活中。不出所料，經過周密的化驗檢查，果然在蘿茜的被褥上和冰箱裏發現了大量的高純度核元素，很顯然，這是一起性質極度惡劣的投毒謀殺案。

　　那麼，誰是凶手呢？

　　這時，一個熟悉的身影閃現在蘿茜的眼前，他就是和蘿茜分手不久的前同居男友麥薩。麥薩在一家核工廠任職，蘿茜和他長期生活在一起，他們雖然沒有正式結婚，但在外人眼裏卻儼然是一對準夫妻了。一度麥薩因艷遇經常徹夜不歸，蘿茜大怒之下將麥薩趕出了家門。後來，麥薩的艷遇沒能持續下去，回心轉意的麥薩曾苦苦哀求蘿茜重新接納他，但是遭到了拒絕。

　　莫非真的是他？

　　很快，警方就按照蘿茜提供的線索傳訊了這個嫌疑人，並在麥薩的住處搜查出了作案用的防毒工作衣和他自配的蘿茜房間鑰匙。在確鑿的證據面前，麥薩對自己的罪行供認不諱。

　　因麥薩感情出軌，蘿茜斷然與他分手後，麥薩心裏一直憤憤不平，最後竟想出用危害性極強的「核武器」對戀人進行瘋狂報復。於是，他利用工作之便從公司裏偷取高純度核元素，趁蘿茜外出時潛入她的住所，在防毒服的保護下，將核元素散播在蘿茜的床鋪上和冰箱裏。可憐的蘿茜，從那以後就一直在重度核輻射的環境下生存，自己還懵然不知。

　　這宗離奇案件是德國司法歷史上首宗以放射性同位素為首要物證的案件。同時，麥薩也成為將「核武器」用於愛情戰爭的第一惡人。

草木皆兵

　　二○○一年九月十一日，美國發生了舉世震驚的恐怖分子駕機撞樓事件，兩幢曾經令美國驕傲的金融大廈頃刻間化為灰燼，就連他們國家政權象徵的五角大樓也被飛機衝開了一角。也許因為恐怖成員之一是來自德國漢堡大學的一名穆斯林學生，繼美國九‧一一事件之後，號稱德國心臟的柏林，雖然表面上還是一派太平盛世，實際上警察們的緊張神經至今不敢放鬆，他們好像就潛伏在我們周圍，隨時都會冒出來和他們認為可能是恐怖分子的人糾纏不休，那份一絲不苟的敬業精神著實令人欽佩，可那一驚一詐草木皆兵的勁頭有時也讓人啼笑皆非。

　　某日傍晚，僑居柏林的Ｌ女士和往常一樣吃過晚飯去散步，當走到離家不遠處的林蔭小路時，突然從路邊一輛汽車裏跳出兩個彪形大漢攔住去路，他們把手裏的卡片向Ｌ女士一晃，並聲稱是便衣警察，要檢查Ｌ女士的護照及居住證明。Ｌ女士解釋說，她只是飯後散步至此，出門時沒想到要把那些重要文件帶在身上。大漢說：「那好，我們隨你回家取！」接著不由分說就把Ｌ女士往車上拽。Ｌ女士被這陣勢嚇壞了，以為是遇到了劫匪，她死死抱住一棵大樹不撒手，連聲驚呼救命。她的喊聲還真引來了巡邏警車，穿制服的警察和沒穿制服的「劫匪」一見面就握手言歡，Ｌ女士見他們果然是

同事關係，才長吁了一口氣，放心地帶他們回家查看證件，警民雙方都是虛驚一場。事後 L 女士不滿地說：「什麼眼光呀，我這模樣像恐怖分子嗎？我看他們一臉橫肉的才像呢，莫非欺負我是外國人？」

其實，L 女士是冤枉盡職盡責的德國警察了，為了維護國家的和平環境，他們的注意力不只集中在外國人身上，為人忠厚的維勒先生可是地地道道的德國人，也同樣經歷了被警察盤查的窘境。那天，維勒先生和醫生約好去醫院例行體檢，臨行前，小女兒讓爸爸幫著把她積攢的硬幣存進銀行。為了在銀行清點方便，維勒先生事先用銀行提供的硬幣專用包裝紙將硬幣分門別類地包成幾卷，放進了公事包裏，他打算看完醫生就去銀行。也許醫院的哪個角落裏藏有監測系統吧，只見便衣們準確無誤地攔住了維勒先生，將他帶至一個僻靜處，命令他自己將包打開。就在維勒先生打開拉鏈的霎那，便衣們動作敏捷地四下散開臥倒在地，就等紙卷裏發出的那聲爆響了。遺憾的是，那一卷卷硬幣靜靜地躺在包裏，什麼驚世駭俗的聲音都沒發出來。

一年一度九‧一一，這個特殊日子的前後往往接近中國傳統的中秋節，在這難得的月圓明月夜裏，和朋友相邀夜晚出遊賞月的途中，總能見到柏林的街頭，一輪金黃的明月下，到處穿梭著裝備精良的警車，看來多年前的那攝人魂魄的爆炸聲至今仍迴蕩在人們的心頭，衝擊著我們賞月的雅興。

怪招促銷

　　耶誕節後，在德國奧爾登堡市的一家時裝店裏，你會看到這樣可笑的一幕：顧客們紛紛拿著剛選好的服裝，一個接一個地來到營業員面前，他們先不忙著掏出錢包結帳付款，而是猛地雙手撐地、大頭朝下地來上一段難度頗高的倒立動作。 其中一位老者已是六十四歲的高齡，仍不服輸地做著這項「體育表演」，還有一個頑皮的金髮男孩也不甘示弱地隨著他年輕的父母一遍遍地嘗試著……他們當中雖然表演的水平參差不齊，然而看得出來，大家都盡了自己最大的努力一絲不苟地來完成這個規定動作，無論男女老少都力求完美。 莫非時裝店改成了體操館，顧客們都是體操愛好者，而該營業員是體操教練不成？

　　遺憾的是我們都沒有猜對，實話告訴你吧，原來這不過是德國商家為促銷積壓品攪盡腦汁想出的又一怪招數：凡是來到這家時裝店購物的顧客，無論是誰，付款時只要能在該店營業員面前如此這般地做上一個倒立的動作，就會立刻得到二十歐元的折扣。「倒立大拍賣」的促銷方案在當地報紙上一經刊出，就引發了怪招消費者們的濃厚興趣，十二月二十七日耶誕節後開門營業的第一天，他們就迫不及待地趕來參加「表演」了。第二天是星期六，「倒立購物」的回應者更是絡繹不絕，有的全家出動，只需每人做個倒立，就可以一下子拿到幾十歐元的折扣，算下來，也許一件上好的時裝就算偏得了。

　　德國由馬克到歐元的幣制轉換一年來，歐元這一新型貨幣從德國人心目中歐洲統一的象徵逐漸成了「貴元」，過去的二馬克只合一歐元，使看上去原本鼓鼓的錢包一夜之間就縮水了一半，然而與此相對應的物價卻沒有同時降下一半來，因為發財心切的商家們紛紛借此機會在標價上大作文章，有的索性將馬克的標識直接換成歐元，不動聲色地就漲價了百分之一百，真是機關算盡太聰明！然而消費者也不是任人宰割的羔羊，當人們意識到歐元不經花的時候，都不約而同地捂緊了腰包，使市場購買力前所未有的低落，進而造成了德國商品銷售行業的危機，使大量商品滯銷積壓。於是，急於將積壓商品脫手的商家們紛紛想出各種招數促進行銷活動，聯邦司法部也不失時機地取消反不正當競爭法中的某些限制條款，為八仙過海的促銷活動大開綠燈，使一些過去聞所未聞的奇招怪招紛紛出籠。比如今年夏季發生在南德某城市的「裸體購衣」，當時規定凡是敢於裸體進店的顧客，出來時穿上店裏的任何衣物都是免費的，內衣也不例外，拿在手裏的和不敢或不願赤身裸體購物的顧客要原價照付。還有在一些大城市裏經常遇到的「孩童優惠法」，規定給多少歲以下的孩子打相應的折扣，以照顧小顧客的名義大掏家長的腰包，從此家長出門購物時還得多一項工作：別忘了帶上用來為孩子驗明正身的出生證！

　　顯然，如果德國政府不解決經濟危機的根本問題，不管挖掘多少離奇怪誕的促銷招數，也總有黔驢技窮的時候。

家長會上的「嘉賓」

「海爾先生，我認為您實在是個不稱職的體育老師。大熱的天，孩子們跑得氣喘噓噓，您自己呢？卻騎著自行車悠哉遊哉地跟在後面，這樣未免太過分了！」

「還有您，愛瑪小姐，雖然孩子們對您的印象很好，可您的音樂課像個大市場，這樣沒有規矩怎麼行？」

……

如此直接了當的指責並不是校長大人在向老師們訓話，而是我女兒他們班級的小學生家長會上，家長們在輪番向任課老師表達自己對教學方式的不滿。

在德國的學校裏，如果說學生是小皇帝，家長們就是垂簾聽政的太上皇，而在我們眼裏至高無上的師威在這裏卻沒怎麼體現出來。每次的家長會，不是像國內常見的老師向家長們告狀施加壓力，反倒是班主任老師滿面堆笑地向家長們「匯報工作」，聽取意見，面對一群太上皇的指手劃腳，只有誠惶誠恐的份。那些平時有爭議的任課老師，就是家長會上的「嘉賓」，不得不接受家長們輪番轟炸的「款待」。

坐在前面的體育老師海爾先生顯然是這次家長會上的主要嘉賓，這位平時看上去威風凜凜的海爾先生此時謙遜得像個小學生，對那些甚至比他還年輕的家長們所說的話頻頻點頭稱

是。下一個發言的是一位看上去情緒頗為激動的女士，她說：「我是娜汀的母親，這個冬天我女兒就感冒了兩次，每次都是在海爾先生的游泳課後，上次我已經向您提出這個問題了，可您沒有檢討自己的失誤，卻建議我回家把女兒的長頭髮剪短，大家評評這個理，是不是留長髮的女生就不能上海爾先生的游泳課？是不是大冬天上游泳課淋濕了長髮就活該感冒？」她的話得到了家長們的一致回應，男孩尤斯的父親是家長們投票選出來的家長代表，他的話頗有份量，只聽他說道：「家長們也要體量一下海爾先生的難處，譬如孩子們長跑，老師卻騎車的問題就應得到理解，因為海爾先生不只上我們孩子這一個班的體育課，如果一上午有四五節課，他豈不要跟著跑四五個小時？這樣誰都吃不消。我倒建議海爾先生今後在課程安排上變通一下，能不能不要大熱天長跑，大冬天游泳？」尤斯父親的話引來一片善意的笑聲，氣氛一緩和，海爾先生不失時機地告辭了，班主任老師繼續「匯報工作」：「尤斯爸爸的話很有道理，下面我們談談……」她剛一開口，話頭就被不滿的家長打斷：「海爾先生在時，您一言不發，他剛一出門，您就表態說家長代表的話有道理，別忘了，您可是班主任，怎麼可以如此不敢承擔責任？」乖乖，這些家長在我看來簡直膽大包天，連班主任大人都不放過！

這天，女兒放學後又向我說起學校裏的見聞：「媽媽，你知道今天學校裏發生了什麼？安德列在數學課上調皮，老師說他不聽，老師就把他趕到走廊裏。」

「數學老師沒錯，對調皮搗蛋的學生是要給點教訓的。」我說。

「問題是，下課時安德列竟不在走廊裏，數學老師嚇壞了，原來他一個人跑到大街上買冰淇淋吃，叫人家給送回來了。」

我心想，下回家長會上的嘉賓肯定是這位「幸運」的數學老師了。

囊中羞澀的德國總理

　　說起德國前任總理施羅德，除了他在任期間傲人的政績，他的婚姻及日常生活也是人們津津樂道的。

　　眾所周知，施羅德先生曾離過三次婚，按照德國的婚姻法，每次婚姻的解體都讓他失去大筆的財產，最後，他的所有積蓄幾乎在三次失敗婚姻的震盪後喪失殆盡。據當年著名的英國《衛報》報導，施羅德在任期間，這位世界先進工業強國的最高首腦，為了支付三位前妻及眾子女們的生活費，竟然淪落到「囊中羞澀」的地步。他自己也承認三次離婚使他元氣大傷，不得不處處精打細算，生活水準甚至遠遠不及德國的普通百姓。誰能想到，如此一個經濟高度發達國家的總理，他的個人生活竟與「豪華」一詞無緣。

　　施羅德的現任妻子多莉絲是一位比他年輕20歲的知名記者，當年施羅德為了她被身為綠黨人士的前妻掃地出門，困窘得連去慕尼黑看望多莉絲的路費都掏不出。在他擔任總理期間，施羅德本人公幹有乘坐政府專機的資格，卻總是讓妻子和女兒單獨乘坐普通航班。由於政府為他配置的高級防彈轎車不屬於他的私有財產，非工作時間外出必須按規定付費，所以，平時施羅德私事外出時大多乘坐二等車廂的火車，或者親自駕駛著他那輛很舊的大眾車。為了他的安全，他的保鏢們卻常常擠在高級防彈車裏緊緊跟隨在他的老爺車後面。

　　施羅德在就職演說中「提高人民生活，降低失業率，振興德國經濟」振聲發聵的誓言至今迴蕩在人們的耳畔，而他自己卻錙銖必較地算計著自家的生活，雖然政府曾為他在柏林建造一座豪華別墅，但高昂的租金和往返旅費竟令他望而卻步，他在辦公室附近租了一套只有一間臥室的普通公寓，女兒來度周末時，只好在他們夫婦的床邊支起一個簡易床。

　　平日裏，作為堂堂德國總理夫人的多莉絲，一切家務都是自己動手，面對這位雖才華橫溢卻放棄記者的職業，甘願作家庭主婦的嬌妻，施羅德時常痛惜不已，他決定工作之餘撰寫回憶錄為妻子多賺點錢。

　　從前，施羅德曾是位收入可觀的律師，如果他不放棄這個職業，即使是離過多次婚也不會使他的生活如此窘迫。然而，他並不後悔從政的選擇，而且份外珍惜自己的政治生命，為了豎立清正廉潔的公眾形象，他寧願坦然地過著清貧的生活。

　　如今，這位剛正廉潔的德國前總理已經離任幾個年頭了，經常有媒體報道他擔任某個大企業的高級顧問，或者以民間大使的身份出訪，但願這位備受愛戴遠離政壇的前總理的經濟狀已經得到了徹底的改善。

人類該怎樣和動物相處？

　　曾經看過一次電視庭審實況，內容是有關動物保護的，被告是一個從中國來到德國不久的小夥子，確切說還是個大男孩兒。當時他帶著滿臉無辜和迷惑的表情站在被告席上。

　　事情的經過大致這樣：這位小夥子初來德國時，多次得到他的德國鄰居──一對年輕夫婦的熱情關照，為了答謝他們，同時也為了進一步加強睦鄰友好關係，他邀請鄰居一家共進晚餐。當晚，小夥子親自掌勺，鄰居夫婦品嘗著豐盛可口的中餐，對小夥子的烹調技藝讚不絕口。席間有一盤味道特殊的肉引起了鄰居的好奇，於是小夥子就興致勃勃地向他們介紹這道佳餚的原料和烹飪方法：我本來想為你們燒一道廣東名菜「龍虎鬥」的，原料是用貓肉和蛇肉，可惜我只抓到一隻野貓，蛇卻沒辦法搞到，只好用鱔魚代替了……話還未說完，鄰居夫婦便訕訕地離席告辭了，臨走他們還包走了一些貓肉。

　　幾天後小夥子就成了被告接到了法庭的傳訊，因為他違反了德國的動物保護法，鄰居帶走的那包肉就是證據。小夥子很不服氣，在法庭上他為自己辯解道：我並不認為自己做錯了什麼，反倒覺得你們德國的法律奇怪，同樣是動物，為什麼豬牛不受保護，貓狗就受保護？當然，沒人來解答他的問題，他違法的事實卻是不容質疑的。

　　眾所周知，在德國殺狗也是違法的，德國是養狗大戶，街上寵物診所的牌子並不少於牙醫的，如果誰家的狗得了不治之

症或老得成了植物狗，它的專門獸醫要出具證明，經過主人的同意後，為狗注射藥物施行安樂死，然後安葬在墓地裏。九六年時，德國的一家中餐館曾被懷疑烹燒狗肉，消息傳出後，中餐在德國便受到強烈的抵制，頃刻間中餐業在德國險遭滅頂之災。後來在僑屆的多方奔走和呼籲下，雖然澄清了事實，但至今餐飲業一提到「狗肉事件」仍不寒而慄，真可謂「一朝被狗咬，十年怕汪汪」。

有一個朋友在剛出國時，曾用他拿手的燒活魚宴請德國同事，雖然沒有因此惹上「動物官司」，卻受到集體罷宴的「禮遇」。

保護動物也是德國考駕照的必修課，比如駕駛理論規定，在野外開車時，如果經過動物出沒的地帶，路旁的交通標記上就會有提示，這時就要注意車速，前方視野中如有動物出現，即使夜間行駛也應馬上將遠端燈轉換成普通燈，避免它們撲向亮處撞車受傷，更不許鳴笛驚嚇。如果不慎將動物撞傷，應立刻停車通知有關部門……

德國的私人花園裏常見一種很別致的小房子，裏面掛有水罐和菜籽，他們自家並未養鳥，那是專門為自由飛翔的鳥兒們落腳棲息而準備的。

閑暇漫步在林間草地時，天上鴿子在飛，樹上小鳥在唱，草叢中上蹦下跳是野兔和松鼠……也許德國的小動物們記憶中沒有被人類傷害的經歷，所以牠們對人毫無戒備之心，悠閑自在地在你身邊腳下覓食吃。如此情境令人感慨良多，如果人類和自然界永遠能如此相處，該是多麼溫馨祥和的世界呀！

男人的夢魘

　　一個涼風習習的傍晚，德國首府柏林，一輛神秘的轎車緩緩駛進瑞士大使館的外交官邸，從車上翩然而下的是一位漂亮的女模特兒，她是應召前來與大使波勒爾幽會的。如果這一切發生在普通人身上，也許只是一場風花雪月的浪漫故事，但這一次，故事的男女主角都太不平常了，一方是儀表超群風度翩翩的瑞士駐德國大使，一方是艷壓群芳的柏林名模。更不尋常的是，柏林名模在大使館出入的身姿又恰恰被瑞士《視野報》駐柏林的女記者鎖進眼底。漂亮模特兒自曝與大使親熱的細節和大使的身體特徵更增加了緋聞的真實性。隨著事件在《視野報》上的披露，有關年輕有為的瑞士大使的緋聞頃刻間鋪天蓋地，有人為波勒爾的仕途夭折而惋惜，有人卻不以為然地認為沒什麼大不了，他們質問媒體：既然克林頓可以，為什麼波勒爾就不可以？

　　接下來，夢魘就緊緊尾隨波勒爾一家。先是波勒爾被解除了瑞士大使這一神聖的職務，隨後他那曾經當選為美國德克薩斯小姐的美麗夫人也由於精神過度緊張而導致流產。氣急之下，身為外交官的波勒爾憤而上訴，因為妻子是美國人，他不惜重金聘請了一位精通美國法律的德國律師，他發誓要通過法律向醜聞的製造者討回公道。

官司還未正式打起來，那位曾向瑞士媒體披露緋聞的女模特兒就推翻了自己，承認她和波勒爾根本就毫無關係，所有這一切都是她在《視野報》一萬歐元的收買下編造的。

波勒爾緋聞事件峰迴路轉。

瑞士那家出版《視野報》的出版社在周日版的頭條向波勒爾公開道歉，展開當日報紙，率先躍入讀者眼簾的就是醒目的「對不起」幾個粗體大字，高薪從德國聘來的主編和女記者也被解職。除此之外，還得支付受害者波勒爾一家上百萬歐元的巨額賠償，本欲靠製造緋聞牟取暴利的出版商這回卻賠個血本無歸。

我到此時仍難以置信，報紙上那些對波勒爾事件繪聲繪色的報導和義正詞嚴的譴責原來竟都是編造和栽贓，仕途受挫的波勒爾至少還有巨額的經濟補償，可被愚弄的讀者和民眾呢？他們又該找誰去討公正？

浪漫銷魂時，漂亮女人是男人的艷遇，但說不定什麼時候男人的艷遇就會變成男人的夢魘。

時光倒流

　　厭倦了現代大都市生活的德國人嚮往起自給自足、野炊裊裊的田園生活了，德國電視一台為了迎合觀眾們返璞歸真的心理，遵循電視節目「寓教於樂」的原則，及時地推出一個「時光倒流一百年」的電視節目，並向德國徵集志願參與者，應徵條件是一個多元化的家庭，具有遠離現代社會在德國的原始黑森林裏生存的勇氣和能力，為期十個星期，其中包括兩個星期的冬天。消息一經傳出，應徵者雲集，電視台經過慎重甄選，將目標鎖定在來自柏林的波洛一家。

　　波洛一家有五名家庭成員，父親波洛原籍土耳其，是位身體強壯的物理學家；母親性情開朗、勤勞善良，是土生土長的德國人；三個兒女都是上學的年齡，既受土耳其母語文化的熏陶又受正規的德國教育，如此五口之家正符合電視節目的要求，不久，他們的身份將是一九〇二年森林農莊裏的農夫。三個孩子得知他們馬上就要告別都市的現代生活，回到一百年前的森林農莊去，都興奮不已，在他們心目中，一九〇二年的農莊被蔥鬱茂密的黑森林包圍著，林間是野花盛開、可愛的動物們歡跳雀躍的童話世界。可現實的嚴峻卻令波洛一家措手不及：由於時光倒流，平常生活裏信手拈來的東西都沒有了，比如非常重要的自來水和電，更別說汽車、手機等現代化的裝備了，只有一部電話機是唯一能和外界保持聯絡的紐帶，還只有

在緊急情況下萬不得已時才可使用。鬧鐘肯定是沒有的，每天清晨，叫他們起床勞作的是一隻報時的大公雞。由於當時正是農莊收穫土豆的季節，既然是自給自足，他們的一日三餐就除了土豆還是土豆，雖然德國人一直以土豆為主食，可頓頓如此還是令人吃不消，幾天下來，小妹就頂不住了，叫嚷著要吃柏林烤香腸。不久，他們的土豆地又遭了災，收成眼看泡了湯，這下恐怕連土豆都吃不上了。雖然出了農莊就是食品超市，可那是屬於生活在一百年後現代人的，此時對他們來說，倘佯其中隨意挑揀自己可口的食品簡直就是奢望。

一時間，生計問題困擾著波洛一家，禍不單行的是，老爸波洛在拉板車打豬草時扭傷了腰，大妹擠牛奶時用力不當致使奶牛乳頭發炎，本以為放牧豬羊等家畜應該容易些，可每次都得連拖帶拽牠們還不配合，直把主人們累得氣喘吁吁……。來自二十一世紀笨拙的現代人把個一百年前和諧安靜的森林農莊搞得雞犬不寧，這一切都被隱匿在他們周遭的電視攝影裝置拍攝了下來，讓追蹤這個節目的觀眾們為他們捏了一把汗。

時光倒流的生活險象環生、困難重重，顯然不像孩子們當初想像的那般浪漫，但是倔強執著的波洛一家還是靠著自己聰明才智和堅強毅力堅持了下來，十個星期後，他們向關心他們並同樣嚮往田園生活的電視觀眾們遞交了一份合格的答卷。據說為製作這個專題節目，電視台花費了百萬歐元，田莊簡陋的生活是不需要如此巨額成本的，也許這其中也包括了對波洛一家十個星期遠離現代生活的獎勵和補償吧。許多觀眾在看了專題節目後慶幸地說：「難以想像現代人倒退一百年的生活竟是如此的艱難，感謝上帝，現在已經是二十一世紀！」

失敗的母親

「難以想像，為了孩子們，我付出了全部的母愛，到頭來竟還是個失敗的母親……」德國鄰居安基卡哭訴道。

早年安基卡也有一份不錯的工作，結婚生子後，和大多數德國婦女一樣，安基卡放棄了工作的機會，回到家裏安心地做起了家庭主婦。她和丈夫育有一兒一女，平時丈夫忙於工作，教育子女的任務就落在了安基卡的肩上。安基卡對子女的管教很嚴格，她希望兒子將來是個紳士，女兒成為淑女。可偏偏事與願違，她的兒子雖然精力旺盛，但她規定兒子掌握的東西卻一樣不靈，十幾歲的少年偏偏練就一身史泰龍樣的腱子肉，四處搜羅鄰居廢棄的自行車，放學後就一陣鼓搗，一會兒改成小型機車，一會兒又改成摩托，他帶著滿臉油污房前屋後試車的噪音常攪得大家不得安寧。一個周末的大清早，當他再一次製造噪音時，安基卡在制止失敗後，忍無可忍地親自打電話叫來了警察，要求他們以嚴重擾民的理由帶走兒子。雖然在警察們的干預下，這個少年從此安靜了下來，但一過十八歲法定成人的年齡，就執意自己找房子搬了出去，從此不再和家裏聯絡，甚至他外公為他留下一筆遺產需要他簽字，安基卡給他留了無數次電話錄音都找不到他。　一次我在速食店用餐時，巧遇一身工裝一臉汗水的他，邊大口嚼著熱狗邊熱情地和我打招呼，他告訴我，他正在附近的建築工地打工，自從離開了父母的蔭護，他就一直這樣靠自己的勞動養活自己，「現在我的房租和

讀大學的學費都是自己賺的！」他不無自豪地說。我問他知不
知道他母親正為繼承遺產簽字的事四處尋找他，他說：「請轉
告我母親，雖然目前我需要辛苦勞動養活自己，但是沒有遺產
不做紳士我同樣自由快樂！」說完，留給我一個燦爛的笑容就
繼續工作去了。

　　顯然安基卡對這個兒子失望透頂，好在女兒正按照母親
的意願發展著自己的人生：在大學裏讀教育心理學，能說一口
流暢的英語和法語，彈得一手好鋼琴……這樣的女兒無疑是安
基卡的安慰與驕傲。然而，天有不測風雲，就在還有一年女兒
大學即將畢業的時候，安基卡發現她竟然和一個蓬頭垢面崩克
（按：「崩克」指打扮怪裏怪氣的人）樣的少年過從甚密，在
安基卡的追問下，女兒承認少年正是她的男朋友，雖然剛入大
學比她還小三歲，但她很愛他。安基卡一聽不禁勃然大怒，這
還了得！從那以後，安基卡嚴厲地禁止了他們的交往，並在少
年登門找女兒的時候毫不客氣地將他轟了出去。幾天後，一輛
大卡車停在了門外，女兒和少年指揮著車上的人將女兒房間的
東西搬運一空，然後女兒給目瞪口呆的安基卡留下一句話作為告
別：「媽媽，我們都是成人，完全可以為自己的行為負責，我已
經決定退學和他結婚了，再見吧！」說完登上卡車揚長而去。

　　從那以後，望子成龍望女成鳳的安基卡經常以淚洗面，她
實在不明白自己究竟做錯了什麼。其實這正是在當代德國青年
中存在的普遍現象：封閉、自我，過分強調自由獨立的個性，
卻往往忽略了他人的感受甚至親情，這一代人對社會認同感的
危機使社會關係變得越來越薄弱了。

蘇珊的愛情鬧劇

　　某日，柏林的一家電視台在傍晚的黃金時間裏播出了一樁爆炸性新聞：座落在東柏林的某婦產科醫院裏丟失了一名剛剛出生的女嬰，絕望悲悽的女嬰父母在電視裏痛哭流涕地向觀眾許諾，誰若發現他們女兒的行踪並及時報警，將得到一筆巨額獎金。

　　隨後，電視台對這起罕見的竊嬰事件進行了追踪報導，一連幾天，並無突破性進展。於是，一時間人們議論紛紛，有的指責德國醫院的探視管理制度鬆懈，一天二十四小時任由患者親友來來往往，難免給不法之徒以可乘之機。有的猜測偷走嬰兒的也許是孩子的生父，如今的西方社會，世風日下，許多未婚母親連自己都很難說清孩子的生父是誰。一方面是嚴格限制墮胎的宗教勢力，一方面是不分青紅皂白地強調「維護人權」的政府政策，都無形中縱容了未婚母親數量的增加。甚至有人說：「這也許是件好事呢，幾個父親暗中爭奪一個孩子，總比誰也不要孩子的情形要好！」

　　值得慶幸的是，僅僅過了三天，失踪的女嬰就被警方找到了。誰也沒想到，肇事者竟是一名知法懂法的女大學生，正在柏林某大學法律系就讀，年僅二十二歲，我且稱她為蘇珊吧。

　　蘇珊有一位相好了幾年的男朋友名叫大衛，大學畢業後就職於遠離柏林的另一個城市。數月前，大衛由於移情別戀突然

提出和蘇珊分手，令痴情的蘇珊痛苦萬分。為挽留住男友的愛情，蘇珊可謂絞盡了腦汁，總算苦心冥想出一條妙計。於是，她馬不停蹄地找到大衛，極盡溫柔，重敘舊情。不久，蘇珊謊稱自己懷上了大衛的孩子，她多次聲淚俱下地向大衛表達自己的愛情，同時強調，她是多麼不忍心他們的孩子將來生長在一個有缺憾的家庭環境裏。大衛終於被蘇珊所渲染的「親情」所感動了，表示孩子生下之日，就是他們團聚之時，從此一家三口不再天各一方。

　　隨著時間一天天的流逝，面對沉浸在即將做父親喜悅中的大衛，蘇珊著實犯了難。眼看自己胡謅的臨產期一天天地迫近，每晚大衛電波裏傳來的問候還好應付，可他又提出已請了假準備回柏林陪自己待產，這將如何是好？為了這齣「愛情戲」能繼續演下去，蘇珊橫下一條心，不惜鋌而走險，執意要將假戲真唱到底了。

　　在一個風和日麗的日子，蘇珊裝作探視人員，大搖大擺地來到東柏林這家醫院的婦產科病房。走廊裏，母親們推著嬰兒車穿梭於嬰兒寢室和哺乳室之間，個個臉上蕩漾著由衷的喜悅和滿足。這時，蘇珊看到一位母親將嬰兒車推進了衛生間，她不動聲色地觀察了好一會，見無人進出，便不失時機地閃了進去。果不出她所料，母親不可能抱著孩子去方便，只把嬰兒車停在了化妝鏡旁。說時遲，那時快，只見蘇珊動作敏捷地抱起熟睡中的孩子，疾步走出醫院，竟未引起任何人的懷疑。

　　當晚，在電視新聞播出女嬰失蹤消息的同時，缺乏做母親經驗的蘇珊也正手忙腳亂地面對著因肚臍感染而哭鬧不止的女

嬰一籌莫展。孩子不停地哭鬧引起了鄰居們的警覺：兩天前還見她又打球又游泳的，怎麼突然就冒出個嬰兒？電視台的追踪報導促使鄰居們刻不容緩地報了警，警察趕來，逮個正著。

　　失而復得的女嬰雖然順利回到了父母身邊，但幾天的折騰已使她元氣大傷，父母只好把她送進醫院接受治療。至此，女大學生蘇珊的愛情鬧劇終於降下了帷幕，至於該如何給她定罪，我想她本人是學法律的，她自己心裏應該有數。

抗洪英雄的無奈

　　那年夏天，德國遭遇了百年不遇的洪災，尤以德國歷史名城德雷斯頓市受災最重，連日的暴雨使整個古城陷於一片汪洋。政府雖然緊急疏散了附近居民，人員傷亡相對來說並不嚴重，但許多作為歷史發展見證的名勝古蹟卻被洪水嚴重摧毀，其損失是無法用金錢來衡量的。

　　在那次突發的洪災中，國家財產遭到損失實屬天災難料，可是有些人卻因抗洪救災使個人生活蒙受不該有的損失，頗令人匪夷所思。豪爽熱情的哥特先生是德雷斯頓一家郵件公司的司機，洪水襲來時，哥特先生毫不猶豫地投身加入了抗洪搶險的隊伍，在搶險過程中，哥特先生捨身忘我地一次次救出行動不便的老人和孩子，他充滿活力的身影總是出現在最艱險的地方，從他的手中被救護出來許多珍貴的物品，卻全然不顧此時此刻，他自己的家已被大水沖得面目全非。

　　最後，肆虐多日的洪水終於在眾多抗洪人員的奮力拼搏下節節消退，劫後餘生的城市也漸漸復甦。哥特先生在這次抗洪搶險中的突出表現受到人們的交相稱讚，有關部門還因此為他頒發一份參加搶險工作的證書。雖然此時的哥特先生儼然就是一位受人尊敬的抗洪英雄，可是面對榮譽，哥特先生卻十分平靜，因為早在很多年前，他就加入了某救助協會，成為一名社會義務救助人員，他認為他所作的一切不過是一名普通公民對

社會應盡的義務而已。如今既然險情已過，他也該抖落一身疲憊，重新回到日常生活的軌道上了。

令人難以預料的是，當抗洪英雄哥特先生風塵僕僕地趕回家裏時，才得知，由於他參加搶險脫離工作崗位，竟被他所供職的那家郵件公司解雇了。無論什麼時候，公司老闆要的都是員工的工作效率，這顯然和哥特先生的公民道德意識有衝突。手捧一紙解聘書，懷揣抗洪榮譽證站在自己充滿積水的住宅裏，這位抗洪英雄的心裏充滿了無奈……

一念之差

——法律學子害命勒索淪為階下囚

二〇〇二年的十月十一日那天，在德國法蘭克福市卡塔林娜教堂內外聚集了上千悲痛的人們，他們正為年僅11歲的雅各布舉行隆重的葬禮。

雅各布是德國著名私人銀行家梅茨勒的小兒子，九月二十七日中午放學時遭綁架。一個小時後，銀行家收到了綁匪索要巨額贖金的信函，雅各布家人及時報警後，按綁匪指令，於九月二十九日深夜二十三時，在法蘭克福的一處幽深靜謐的森林裏，梅茨勒家族將一百萬歐元現金放在綁匪的指定地點。警方監測到來取錢的正是和雅各布相熟的法律系大學生馬格努斯，此人也是小雅各布的課外輔導老師。因抱著綁匪兌現諾言，次日放回雅各布的一線希望，警方沒有打草驚蛇，只是不動聲色地將馬格努斯處在嚴密監控之中。

然而，約定三十日上午放人的時間已過，梅茨勒家還是不見小兒子雅各布的身影，整個家族被不祥的預感籠罩著，警方當機立斷採取行動，他們用炸藥炸開了馬格努斯的家門將其當場逮捕，並在現場搜出幾萬歐元現金，紙幣的號碼正是出自梅茨勒銀行。

　　經過艱難的審訊，馬格努斯只交代了藏匿雅各布的地方，在法蘭克福六十公里之外的一條小河裏，被找到的小雅各布用繩子捆綁著裝在垃圾袋裏，已窒息死亡四天了。

　　馬格努斯案發後，認識他的人都為他扼腕嘆惜，他的父母都屬於收入可觀德國中產階級，平日對他經濟上很寬鬆，他自己也即將學有所成，按理說金錢對他的誘惑還不至於此，難以想像這樣一位前程光明的莘莘學子到頭來會為了金錢犯下謀財害命的滔天大罪。被捕後，熟讀法律的馬格努斯利用德國法律上的緘默權利一言不發，所以對其作案動機至今不能確定，有關刑事專家通過一系列證據推測了馬格努斯的犯罪過程：

　　　事發當天，小雅各布放學的路上遇到他的課外輔導老師──二十七歲的法律系大學生馬格努斯，這位平時與雅各布相處極為融洽的老師非常熱情地邀請他的小學生到家裏作客，時值周末，生性活潑的雅各布毫不猶豫地隨馬格努斯回家了。在馬格努斯家裏，不知是這位法律系的高材生久有預謀還是面對陽光少年雅各布突生邪念，竟然粗暴地企圖對他輔導的學生進行非禮，雅各布驚恐地瞪著這位平日裏知識豐富的老師，拼命地嘶喊反抗，雅各布的過激反應使馬格努斯猛然意識到了自己的險境，這意味著事態暴露後，他過五關斬六將苦讀的十三個學期即將付之東流，就連他準備已久的半生第一次國家統考也會與他無緣。想到這，他心一橫，一把揪回欲奪門而逃的雅各布，雙手狠狠地扼住他稚嫩的咽

喉……事已至此，馬格努斯一不做二不休，索性向銀行家勒索一百萬歐元再做打算。所以，專家們認為，馬格努斯最初的目的並非索取金錢，而是對幼童有性侵犯傾向。

馬格努斯作為法學才子，他殘酷地踐踏了他刻苦攻讀的法律人權。就這樣，一念之差，他親手葬送一個幼小生命的同時，也葬送了自己為之努力奮鬥的未來。

拾金不昧在德國

　　一次和先生準備到荷蘭度假,本來已經買好了到阿姆斯特丹的直達車票,可臨上車才發現車票不翼而飛了。那是三日有效不記名不掛失的通票,也就是說,誰要是揀到它,三日之內任何時間可以憑藉它去從柏林到阿姆斯特丹沿途的任何地方。即使拾到的人不用車票旅行,也可以退出一筆錢的。我們眼睜睜地看著的火車開走,正要沮喪地返回售票處補買車票,服務人員提醒我們到失物招領處去看一下,他很有信心地說,如果被人拾到,十有八九會在那裏,就怕你們是遺落在車站以外的地方。當時我們心想,柏林火車站是德國客流量最大的車站,每天形形色色的人在此川流不息,我們的車票怎麼會就那麼幸運恰巧落在拾金不昧的人手裏呢?只要拾票的人稍有一念之差,就會將車票據為己有。

　　當我們將信將疑地來到失物招領處詢問時,工作人員是一位四十多歲的女士,她驗看了我們的證件後,打開保險櫃抽出一份卷宗,態度認真地核實諸如面值、購買時間、目的地等有關車票的情況,然後又問我們在兩個小時之前大約去了車站的什麼地方。我們說先後去了咖啡廳然後在超市裏買了一些路上吃的東西,最後還去了麵包店。她點頭說:「這就是了,有人在麵包店裏拾到後交到這裏來的。」我們感激地詢問拾金不昧者的姓名,工作人員不解地說:「有這個必要嗎?拾到不屬於

自己的東西交還失主是每個公民都應該做到的。很遺憾我不能幫你們，因為他根本沒留姓名，為防冒領，失主的姓名倒是我們所關心的。」

不出一個小時，車票失而復得，我們趕上了下一班開往荷蘭的列車。我一直認為這件事只是僥倖，直到後來又發生一件令我感慨萬分的事。

前不久的一個周末，我開著我的新型寶馬車從購物中心回家，我把車停泊在離家不遠的停車場，就提著大包小包的日常用品回家了。然後一連幾天沒出門，直到有天傍晚，一位德國老者找上門來，笑容可掬地詢問我是不是銀色寶馬車的車主，隨後又報出了我的車號，我不解地問他到底發生了什麼事，他說：「你的車鑰匙是不是不見了？」我忙箱箱包包地翻找，老者笑著從懷裏掏出鑰匙幽默地說：「別找了，你已經把它寄存在我這裏有一個周末了。」感激之餘，我驚問停車場裏有那麼多車，他是怎麼知道這就是我丟的鑰匙？他說：「你難道忘了你的車門是遙控的嗎？我以為你發現丟了鑰匙會回到停車場尋找，就在那裏守了兩天，可整個周末都沒有動靜，我就只好按這把鑰匙上的遙控按鈕，哪個車門自動打開就是哪輛車的鑰匙。我一按，果然你的車門就開了，我重新鎖好車記下了車號，等星期一到車輛管理部門一查，車主的姓名地址就知道了，這不，我就找上門來了。」當我一再道謝並詢問老者的姓名時，他什麼也沒說，只笑著擺擺手就告辭了，連杯熱咖啡都沒喝。

　　久居德國的同胞之間曾經爭論過：拋開那些凶殺搶劫等極端的社會現象不論，拾金不昧究竟算不算美德？一方認為，無論在任何國家任何社會，拾金不昧都應該是大力提倡的美德，如果拾金不昧都不算美德了，那麼小偷是不是該移民到其他星球上了；而另一方卻認為，最起碼在德國，拾金不昧已經滲透到了公民意識中，幾近變成了順理成章天經地義的事，既然拾金不昧在這裏已經不足以誇耀，所以不應算作美德，它應該是社會文明發展到一定程度的自然結果。

幼兒哭鬧引出的官司

　　一天下午，女友古恩夫人突然打來電話，氣呼呼地對我說：「告訴你一樁發生在聯邦德國的奇聞，我們夫婦竟被鄰居指控為虐待兒童罪，而且柏林刑偵局為此還立案設立了專門調查組，背地裏秘密地做了大量的工作，向許多與我們有關的人，包括近鄰、私人醫生和孩子幼稚園裏的老師搜集證據，事情尚無結果，我們在熟人們眼裏儼然就是一對虐待犯了，古恩的高血壓都被氣發作了。雨欣你應該寫出來，讓我們的同胞瞭解一下這個號稱民主、人權的社會虛偽的一面！」

　　事情是這樣的，兩個月前的一天，古恩夫婦帶著三歲的兒子路卡斯走訪朋友，聊到很晚他們才告辭。當時，小路卡斯正和朋友的孩子玩在興頭上不願離開，直到他們已開車回到家裏，小路卡斯還在大哭大鬧，拒絕上床。孩子的哭鬧聲驚動了一個女鄰居，她怒氣沖沖地找上門來，指著腕上的手錶叱責他們：「你們看看都幾點了，十分鐘後，他再不安靜下來，我就去叫『破累差』（德語警察）！」年輕氣盛的古恩博士也不甘示弱，將門一摔，吼到：「你叫去吧，我倒要看看警察有什麼辦法讓孩子不哭！」孩子鬧累了，很快就睡著了。這時，卻又響起了門鈴聲，古恩開門一看，女鄰居果真叫來了兩名警察，不由分說就要往裏闖，古恩極力阻攔，說：「我兒子剛睡著，我不希望他被打擾，你們是警察，應該懂得不能隨便夜闖民

宅！」正爭執不下時，等在樓下警車裏的另三名警察聞訊衝了上來，硬性闖進房間，裏外巡視了一通，其中一個女警察還對火冒三丈的古恩說：「你不必激動，既然你的鄰居指控你們，我們警察就有責任來看看究竟發生了什麼事，誰也不希望有謀殺案。」然後，目光落在冰箱上又說：「我更不願意看到這裏面藏著一具屍體！」

已身懷有孕的古恩夫人聽了這話後，止不住大嘔起來。與此同時，早有兩名警察衝到路卡斯的睡房，三下兩下地將已熟睡的孩子扒得精光，顛來倒去地查看身上是否有傷。原來他們聽了女鄰居的一面之詞，懷疑孩子哭鬧是由於受了父母的毒打和虐待。因為在德國，父母打罵自己的孩子是違法的，任何人遇到這種情都有權過問，當然也在警察的職責範圍之內。

當夜，忠於職守的警察們在古恩博士家折騰這一齣雖毫無結果，卻把這對夫婦氣得一宿無眠。第二天一清早，古恩便把投訴信親自送到了警察局，狀告當執警察在無任何憑證的情下，粗暴地擾亂納稅人的正常生活。不久，投訴信就有了回音，警察分局的負責人帶著當執警察小隊長親自登門，向古恩一家當面致歉，大家以為這段風波就算平息了。

出乎意料的是，兩個月後，柏林刑偵局的信卻追上門來，通知他們已被立案。通過對這段時間調查的結果分析，結論是，古恩夫婦的虐待兒童罪不成立。但事情並未就此了結，案子的性質由他們夫婦的虐待罪變成了縱容孩子哭鬧而干擾了鄰居的休息，目前此案已從刑事法庭轉交到民事法庭繼續審理。

經過這件事後，古恩夫人變得鬱鬱寡歡，常常不解地嘆息：「上帝！我們愛我們的兒子心都可以掏出來，沒想到三歲的孩子哭幾聲卻幾乎讓我們成為罪犯。」有時古恩夫人也不由得遷怒於德國夫君：「你們國家的安全機構就是用這種踐踏公民的人格、自尊的方式來維護人權的嗎？以後你再聽信傳媒詆毀中國人權的言論，我就離開德國、離開你！」古恩也痛心疾首地說：「我也為自己在這個虛偽的世界裏無力給兒子一個平靜、自由的生活而羞愧。」

古恩夫婦對此事的反應顯然過激了些，但由此也不難看出德國法制雖健全，也存在著弊端。由於德國法律規定，原告可不必擁有證據，相反卻需要被告出示充分的證據來證明自己無罪。這項法律在有效地保護公民、最大限度地抑制犯罪的同時，也助長了某些好鬥人士惡人先告狀的陋習，往往給無辜的一方憑空增添許多難以言述的煩惱。德國的警察標記是綠色的，綠色本是和平和安寧的象徵，可由於他們事無鉅細，樣樣要立案調查，有時極盡騷擾之能事，就難免有小題大作之嫌。

我損失了我的真誠

　　秋玲小姑娘是珠海一位朋友的女兒，讀大學二年級。我藉回國探親之機到珠海遊玩時，秋玲自告奮勇地當我的導遊。

　　就在我們沿著海關門前繁華的商業區說說笑笑地一路閑逛時，突然，一筆橫財從天而降。只見一個穿風衣戴墨鏡的中年男人迎面匆匆走來，就在和我們擦肩而過的瞬間，一疊厚厚的百元大鈔從他身上應聲落地。還沒等我們反應過來究竟發生了什麼事，身後已冒出兩個男人同時伸手撿這筆錢。他們拾起錢後，卻不急於分贓，而是回身拽住我們，壓低噪音神秘兮兮地說：「兩位小姐不要聲張　請你們留下作個證人，然後我們平分這筆錢！」俗話說，假如天上真的掉餡餅，那肯定不是圈套就是陷阱。此時，我已明顯意識到這是一個騙局，如果你一念之差財迷了心竅，這夥人說不定會對你做出什麼事呢。　我果斷地拉著秋玲說：「別理他們，咱們快走，離開這個是非之地！」可是秋玲卻掙開我，緊緊拉住那個拿錢的人　同時向掉錢人的背影高喊：「穿風衣的先生，你快回來，你的錢丟了，這二位先生撿到了，他們要還你錢，要我們做證呢……」那二人經她這一叫，臉登時成了紫茄子。這時早有其他好心人將掉錢人攔住。只見丟錢人表情漠然地從同夥手裏奪過那疊錢，撥開圍觀的人，嘟嘟囔囔地疾步走開。當他走過我身旁時，我分明聽見他在說：「遇到這傻妮子，算我倒楣……」秋玲目送

他的背影不解地問我：「姐姐，我真不明白，這個人找回了錢，為什麼還不高興？」我顧不上回答，忙把她拽走。

回到住處，我驚魂未定地向她陳述這裏面的貓膩（按：「貓膩」是北京方言，即見不得人的秘密）。聽著聽著，秋玲傷心地哭起來，我安慰她說：「好在我們沒損失什麼，快別哭了！」聽了我的話，秋玲反倒哭得更傷心了，她嗚咽著說：「誰說我沒有損失？我損失了我的真誠，嗚嗚嗚……」

誰是未來的百萬富翁？

　　誰是未來的百萬富翁？這是德國一家電視台專題節目的名字。這個節目是以百科知識競賽為主要內容的，每星期一期，已連續了多年。由於該節目具有極強的知識性趣味性，加之隨著競賽題目的深入，獎金也由個位數逐步上升到一百萬，吸引著不同層次的人士參與這個節目，越到後來競爭就越激烈。當然，眾多參與者們的心態也是不盡相同，知識淺灘的嬉戲者往往只滿足於小魚小蝦的捕撈，答對一兩個題目拿到些許獎金見好就收；而那些具有深海探險魄力的人就會勇往直前一發不可收，結果是時而頃刻間腰纏萬貫，時而連連答錯血本無歸。每次節目播出時，許多家庭都圍坐在電視機前觀看，情緒隨著現場激烈緊張的氣氛跌宕起伏，很多觀眾甚至在節目播出幾天後仍津津樂道，為堅持到最後的人振奮，同時也為馬失前蹄的人惋惜。

　　當然，想獲得如此高額的獎金並不是一件輕而易舉的事情，自節目開播幾年來，雖然參賽者強手如林，可真正一路過關斬將堅持到最後的人，直到上個星期五才出現。這個最終的勝利者名叫哥哈得‧克拉馬，是一位知識淵博、舉止穩重的青年才子，在大學裏，他同時進修音樂和哲學兩個專業。

　　在以往的這台專題節目中，獲得高額獎金的不乏像哥哈得這樣知識全面的年輕人，我想這是和德國教育機制密不可分

的，聯邦政府主張在對青少年進行普遍教育的基礎上，全面廣泛地發展個人教育，他們致力於公民盡可能早地接觸藝術和文化，提倡青少年全方位的素質教育、積累多方面的文化經驗。德國的孩子從幼稚園開始就參與社會活動，我女兒在小學低年級時還上過造紙、紡織、烹飪等課程，我家裏至今還保存著她三、四年前的「作業」——一只簡明的針線包、一塊發黃的草紙，一座四不像的石雕……，當然這些特殊課程的課堂也就因地制宜設在了造紙廠、地毯車間、採石場等地方，有時她會從學校裏帶回一塊又黑又硬的麵包要我品嘗，我就知道當天她在學校裏一定是上了家政課。

在德國，雖然孩子的教育首先是來自父母和學校，可國家政府在支持青少年個人融入社會中的發展上做了大量的工作，具體到制定青少年保護措施和各項福利制度、義務提供多種形式且自願參加的文化活動和社會活動，以拓寬孩子的視野。這些妙趣橫生的活動在激發了孩子廣泛的興趣同時，也充分發掘了孩子尚不自知的潛力。就我身邊的德國朋友而言，物理研究所的所長搖身一變成了足壇猛將，醫學教授同時也是國際象棋大師，配眼鏡的師傅也舉辦了個人藝術作品展，按摩師失業後再找到的工作竟是電腦技術人員……所有這一切，都緣於他們啟蒙時興趣的開發和培養，以及能自由發揮這種興趣的寬鬆環境。

誰是未來的百萬富翁？誰是這個競爭激烈的社會上不敗的立足者？不言而喻，最後的勝利永遠屬於那些知識技能全面、心裏素質優異的人。

足球光環下的民族情緒

　　一位奧地利文友在世界杯足球賽期間受邀到德國講學，當那天下午前往德國知名教堂參觀時，一路上不斷有好心的德國人建議他注意安全，原因是，當時電視裏正在轉播土耳其隊和韓國隊在南朝鮮爭奪第三、四名的白熱化場面，一旦土耳其隊輸給韓國，則可能發生德國的土耳其僑民將亞洲臉孔的他誤認為是韓國人而被洩私憤事件。朋友聽後，對球迷的狂熱深感惶恐，好在有教堂作庇護，索性安心地坐下來，對上帝唱起了虔誠的讚美詩，也不管上帝是否真的能保佑人間的平安。走出教堂時，恰好傳來韓國隊敗北的消息，朋友方如釋重負。

　　由於德國在二戰期間從土耳其大量引進勞工並允許他們在德國長期居住，致使土耳其人在德國的勢力逐漸強大，如今在德國已形成最強悍的外來民族了，平時，就連強調民族自尊的德國人對他們都退讓三分。這回面對土耳其足球的勝利，德國人更是表現出了超常的寬容。比賽剛結束，成群結隊的土耳其僑民不知從什麼地方突然冒了出來，霎時間，他們就占領了柏林的主要街道，一輛輛高級轎車披著帶黃月亮的鮮紅國旗呼嘯而過，車上的人無論男女老少情緒都那麼高昂，他們拼命地揮著手高唱著國歌，向他們僑居的國家甚至整個世界宣洩著他們的榮耀。德國方面出動了大批警力，只見前有警車開道後有成群的警察默默收拾爛攤子，因為人群過處，啤酒罐飲料瓶香煙

蒂狼籍一片，與其說德國警察們是在維護治安，倒不如說是球迷們的勤務兵更確切。有中國球迷看到這場面，英雄氣短地說：「中國足球隊不用說踢贏了，哪怕他們進一個球，我也會學江姐，親手繡一面五星紅旗高舉著衝向這異國的街頭，可惜呀……」

　　德國球迷自己則為德國不與土耳其對壘而深感慶幸，因為他們非常清醒地意識到，如果在世界杯上兩隊狹路相逢，不論是何方敗北，均可能引起兩方「球痴」在德國街頭進行巷戰。那屆世界杯賽的冠亞軍的決賽中，德國敗給了巴西隊，如一桶冷水兜頭潑滅了德國球迷的狂熱激情，使德國的那個夜晚和無數個夜晚沒多大分別。對於我等「球盲」來說，並不關心誰輸誰贏，我只希望球迷們不要鬧得太凶，好讓我睡個好覺。

輯二

德國日誌

「天敵」的友誼

　　在德國過春節時有朋友問我，在客居的地方，過一個沒有鞭炮聲、沒有拜年聲寂寞的春節，此時此刻，你心裏最牽掛最惦念的人是誰呢？朋友也許想與我共同分擔那一份親情鄉愁，然而說來慚愧，此時，我最牽掛的並不是血緣至親的父母兄妹，因為現代通訊交通的發達，與他們相聚已不限於夢境，回家探親不過半年，由於工作關係，家兄還能時常來德國小住。每逢佳節，我最牽掛的竟是久無音信的兒時夥伴，那吵吵鬧鬧一同長大的「天敵」，歲月如織時光穿梭，多年之後，不知他們還好嗎？

　　有一個從幼稚園就和我一起拌嘴吵架的鄰居小姐妹小名叫咪咪，生日和我只差幾天，個頭身材也相似。那是一個不能總有新衣服穿的年代，一件衣服常常是晚上洗過平鋪在暖氣片上，第二天又穿著上學了。剛剛萌發愛美之心的我們就經常換衣服穿，誰成想我竟然因此被咪咪算計了一回。那天她剛和哥哥吵完架跑出來就急猴猴地拽下我的外套，我不明就裏，美滋滋地穿著她的新衣裳戴著她的新絨帽去找小夥伴炫耀。一進軍醫大院，忽聽身後一個憤怒的聲音吼道：「惹了禍想跑？還不給我趕快回家！」還沒等我明白怎麼回事，屁股蛋上已經挨了狠狠的一腳，回頭一看，踢我的人竟是咪咪那位平時也對我關愛有加的哥哥。我委屈得「哇」地一聲大哭起來，慌得那個比

我們大不了幾歲的哥哥又是哄又是賠不是。原來他正氣勢洶洶地到處尋找打碎了暖瓶就逃之夭夭的咪咪，見我穿著她的衣裳戴著她的帽子闖進來，就把我當成了她。記得那也是一個春節，當時大院裏一家分一張電影票，我們小孩不用票，可以被大人帶進禮堂。因為咪咪吵著要和她爸爸去，哥哥看不成電影就賭氣不吃飯，我就把我家那張電影票拿給他，讓他帶我進去。我們倆擠在一個硬硬的座椅裏，電影裏演的什麼早忘了，只記得他給我嗑了一大把的瓜子仁。當時，咪咪騎在她爸爸的腿上正坐在後排，結果第二天就發生了我們換衣服我被她哥哥踢屁股事件，現在想來很有可能是咪咪這個當妹妹的由於嫉妒而成心導演的一齣好戲。

我第一次回國探親時，咪咪的父母仍和我父親住對門，她哥哥結婚生子搬了出去，咪咪雖然也成了家，但因沒分到房子仍和父母住在一起。我們像當年一樣躲在她的閨房裏說著女兒家的悄悄話，由於同樣的空間裏多了丈夫和女兒，使她那原本就不大的房間更顯得狹小擁擠。也許是生育後疏於保養，她過去窈窕的身材已不知去向，整個腰身軟塌塌的看上去像一隻快要散了架子的大竹桶。她端詳著我當時仍然錯落有致的身材不無妒意地說：「肯定是你在國外買的名牌內衣挺胸收腹的效果好！」我聽後一句反駁她的話都沒說，而是像小時候一樣，寬衣解帶，把那件剛上身的高彈內衣扯下遞給她。她也沒猶豫，立即套在身上站在鏡子前孤芳自賞起來。穿上高彈內衣的咪咪雖然從外表上沒看出她有多大改觀，但我想她至少在內心裏獲得了一絲安慰。

　　從那以後，在逛商場時，每每遇到自己中意的內衣，我常常是一式兩件，一件自己穿，一件留給咪咪。一轉眼又是七八年過去，這期間父親在家鄉的住處幾經搬遷，早已和咪咪的父母失去了聯繫。由於自己在國內把落腳點安在了北京，每次回國都是家人在首都相聚，我竟一直沒有再回家鄉，也沒有機會再見到咪咪。即使如此，在買內衣時，我仍然習慣一式兩件，一件自己穿，一件留給咪咪。

　　在整理這些東西時，我常想，兒時的夥伴啊，你還好嗎？雖然不知你今天變成了什麼樣，但在我的記憶中，似乎和我總是沒有多大的差別。我隱隱地覺得，總有一天，我們還會躲在她的臥房裏說著悄悄話，抖落出自己心愛的服裝互相攀比著對換著，哪怕那時我們已經老得不再被穿衣鏡所關注，可我們仍然關注著對方，為對方比自己多一絲美麗而不平而嫉妒，不平嫉妒中又混雜著惦念和牽掛，恩怨相纏、是非糾葛，莫非，這就是「天敵」之間的友誼？

減肥紅燒肉的發明

　　說起紅燒肉來，很多人都說好吃是好吃，可一想到吃了會長脂肪，得現代流行的糖尿病、動脈硬化、肥胖症……就又望而怯步了。實不相瞞，本人也是個又想吃肉又怕長肉，還幻想長生不老的麻煩主，眼瞅著人近中年了又添了心病，有事沒事的愛把櫃中的陳年「新」衣翻出來往身上套，那可真是買來忘了穿的絕對地連一水都沒沾過的新衣。試過之後，如發現哪件釦子繫不上或者腰帶得鬆幾釦了，就緊張得睡不著覺，恨不能立刻就絕食不絕水地把身上多出來的贅肉給折騰回去。結果是往往堅持不了兩頓飯的功夫又犯了強烈的饞癮，等滿足了嘴巴，鏡子又不高興了。不由得感慨：貪吃還是臭美，這真是一個問題！

　　人常說「饞人大多會燒菜」，此話果然不假，苦思冥想之際，總算想出一個既解饞又「減肥」的燒肉妙招，這可是我鍥而不捨地燒黑了十鍋五花肉總結出來的，特貢獻出來與大家美味共享。

　　這道「減肥紅燒肉」的做法是將切成厚片的豬肚皮五花肉（德國超市有賣切現成的）扔進加足水量的高壓鍋裏壓熟，晾涼切塊備用。土豆切成不規則滾刀塊兒備用。炒鍋放少許素油，加冰糖（或白糖紅糖）不停翻炒，炒成紅糖漿狀後，將肉塊和土豆塊同時下鍋翻炒，加醬油、加鹽、加薑片（薑絲、薑

粒都行）、加花椒大料（或五香粉），因五花肉是已經煮熟的，只需添少許湯，大火燒開，轉小火將土豆燜熟後，再大火收汁既成。由於煮湯時，肉裏的肥油已經濾掉一層，剩下的油又被同燒的土豆吸收了大部分，如此一來，肉裏的長鏈脂肪幾乎都被去掉，那些肉眼難以分辨的短鏈脂肪就所剩無多了，眼不見則心淨。上桌後你只需挑挑揀揀那些肉來下筷，保證肥而不膩、香滑潤口、回味無窮，且富含膠原蛋白，是美容駐顏的良方。至於吸足了油的土豆，雖然也是美味可口，還是留給那些不明真相的饞傢夥們長肉去吧。肉湯晾涼後放進冰箱，等涼透後湯上就會結一層白油，將白油撇去扔掉，下面的就是高湯了，用來燒菜煮麵條，連調料都不必加，只放鹽就夠味了，出鍋時再放些葱花香菜末，真是又營養又美味。觸類旁通，用此方法烹燒肘子蹄膀等脂肪多的帶皮肉類同樣適用。

　　我這裏所說的「減肥」二字是相對的，並不是說吃了我做的「紅燒肉」反而變得身輕如燕了，而是用這種方法炮製的「紅燒肉」能把這道美味的脂肪盡可能地減到最低，讓你大塊朵頤之後少增肥而已。

與「悍婦」為鄰

　　Baby醒了，在咿咿呀呀地喚媽媽，我忙從電腦上抽身，去照應我的寶貝女兒。

　　天氣不錯，我把Baby收拾停當，準備抱她出去散散步，順便將垃圾扔掉。就在我右手抱著Baby，左手提著垃圾袋極為不便地拉開大門剛要走出去時，電話鈴卻響了起來，我順手將垃圾袋放在我的門口，回身去接電話。原來是相熟的文友打來的，我們正就某篇文章品頭論足時，住在我對門的鄰居——個五十多歲的單身女人竟殺上門來。只聽她站在門外狂按我的門鈴，然後雙手叉腰地衝著我吼道：「你為什麼把垃圾放在走廊裏？還有Baby的東西！」我解釋道：「垃圾是我正要丟出去的，我要帶Baby散步，當然得隨身攜帶Baby的東西，是因為我接電話耽擱了幾分鐘，況且我的東西是放在我自己的門外，你能不能說話客氣點？」她不顧我懷中Baby的反應大喊大叫：「不行，即使這樣也絕對不行……」我也火了，喝了聲；「滾開！」就把門撞上。朋友在電話那端聽得一清二楚，忙說：「你快扔垃圾去吧，別為這點事讓她找你麻煩。」我們的話還未說完，就被這個心理異常的老太婆攪和得草草收場了。

　　類似的事件在我們去年剛搬來時也發生過一次，起因竟是我大女兒清晨上學時在門外和我道別，女兒走後，她來按門鈴抱怨：「你女兒一出門恨不得讓全樓都知道！」我當時就不

解，為什麼正常的母女親情在她看來竟如此不可接受？後來發展到她聽不得女兒上樓梯歡快的腳步聲。快樂是孩子的天性，你不能要求他們的行動像你老太婆般遲緩，且樓梯不是你一家的，這裏是人住的地方，不能要求像墳墓般安靜。我意識到這人可能心理變態，就沒理會她，照樣我行我素。然而，我女兒卻很介意這個惡鄰居的態度，早上出門前，她一改往日歡快的道別，摟住我的脖子在我耳邊低低地說：「媽媽，再見！」然後把鞋子拎在手裏，光著襪底躡手躡腳地下樓梯。目送懂事的女兒，我鼻子一酸，眼淚不爭氣地湧了出來。剛剛貸款買的公寓，圖的是不再受德國房東的欺壓，沒想到卻又攤上這樣一個難纏的鄰居。若不是當初為買房子跑貸款，簽合同、公證、裝修……活活讓人脫層皮，真想一搬了之，怪只怪當時被這裏的自然環境矇住了雙眼，忽略了人文環境。本來互相尊重、互相包容乃為鄰之道，但是對不尊重你的鄰居還能談什麼互相尊重？有氣度也不等於甘心受氣，作為一個外國母親，我不會沒事去挑釁，但遇見不公平的事卻一定要自衛！

　　為了女兒有一個正常的生活環境，我不能再忍下這口惡氣了！我委託律師給住房公司起草一封信，請求退房，並賠償裝修費用。因為在住房公司介紹情況時，隱瞞了一個重要的事實，就是這處房子不適合正常人居住。巧的是，這個老女人就是這家公司的員工，由於她的原因我們向住房公司索賠，說明她的怪癖直接影響到了公司的生意，可能是公司給她施加了壓力，後來她托人轉話來，聲稱想約我們一起喝咖啡，願和我們做個好鄰居云云。既然她有這個態度，我也樂得既往不咎，咖

啡是沒興致與她喝，成好鄰居也不指望，最多見面時不再怒目相向，冷冷地點個頭算是打了招呼。以後的日子各行其事，互不干涉，倒還清靜。

當初她和我胡攪蠻纏時，還是單身，她的同事曾用她這個身份勸我不要和她計較，聲稱德國單身老女人大多有令常人難以接受的個性。可是沒多久，我就看見一個騎摩托的小夥子在她家經常出沒，起初我還以為他們是親戚，也許這個老女人曾經結過婚有過兒子呢。可是我的這位鄰居卻並不給我想像的空間，她成心迫不及待地公開自己的個人生活：晚上，故意將兩雙大船一樣的鞋子示威似地擺在門外，鞋的款式一致，生怕別人不知這是情侶鞋；早上趁大家都出門上班時和小夥子戀戀不捨地吻別，有時還甚至兩人雙雙共騎一輛摩托，做秀似地和小情人摟背抱腰，貼在小情人後胸上的老臉作出少女般迷醉的表情。當時我正有孕在身，別的妊娠反應沒有，就是見不得她這副德行，常被她搞得隱隱作嘔。只可惜，老嫗扮少的她並沒能留住這份情緣，某天，小夥子不知為何，與她咆哮一通後揚長而去，留下她一人在家裏摔盤子砸碗地破口大罵。這不，還沒容我幸災樂禍呢，我這個被愛情拋棄的老鄰居就找上門了，這點破事也犯不上驚動找什麼律師，裝淑女有難度，當潑婦還不容易？

有時我抱Baby下樓時，Baby會興奮地咿咿呀呀地唱著只有她自己聽得懂的歌謠，如果被惡鄰居撞見，她全然不理會我的主動問好，氣哼哼地與我擦肩而過。雖然我們過自己的日子，不必在意別人的臉色和態度，可是當你正高高興興的時候她卻

冷不丁地冒出來敗壞你的興致，這種人的存在對正常人真是一種精神虐待。俗話說：打蛇要打七吋。這個惡鄰居的七吋就是見不得別人快樂，聽不得孩子的笑聲。所以我抱著Baby出門時故意將門撞得山響，意在告知她：我在你門外呢！她果然上當，在她門內大叫：「天啊，你怎麼這樣吵！」我充耳不聞，一屁股坐她門外的樓道上，大聲地逗弄懷中的寶寶。寶寶天生愛笑，我一逗她，她咯咯的笑聲在樓道裏不斷回響，這在我聽來恰如天籟的美妙回聲直刺激得她歇斯底里大發作，我本想激她出來大鬧一通，因為當時是下午六點鐘左右，哪家法律也沒規定這個時辰不准在樓道裏逗孩子笑，若真鬧起來，理虧的肯定是她。遺憾的是，老女人並不配合，只在她自己家裏隔著門發了一陣狂瘋。我也無心戀戰，走音跑調地唱著歡快的小曲一路雀躍著下樓了。「乒、啪！」身後傳來了玻璃器皿被怒摔的脆響，我不由得將口中的小曲：「編、編、編花籃……」改成「氣、氣、氣死你……」管她聽沒聽懂，我只想讓她知道，你德國老女人的無理取鬧奈何不得我，而你所仇視的這個中國母親的快樂卻足以令你發瘋。

　　誠然，我們生活在別人的國家裏，也許要包容他們國民的劣根性，我可以包容她男朋友的大鞋擺在走廊裏，也可以包容她半夜歸家抖落鑰匙的刺耳聲音，公共地方每天都是我在打掃……可對方並不包容，有些事情可以儘量避免，可有些衝突是無法避免的，我不能不讓我的Baby牙牙學語，我的女兒不能不走樓梯，我也做不到不和女兒道別……包容是互相的，如果只是單方面一味地包容，那就是屈就。

這個國度雖然不屬於我們，可我們在這裏奉公守法，靠自己的勤勞才幹生存，我們的生活方式不容干涉，我們的尊嚴不容踐踏。無論是德國人還是中國人，都應該懂得尊重他人的道理，因為，尊重他人就會贏得別人的尊重，相反，侮辱別人的同時也會自取其辱！

我在德國「攔路搶劫」

故事發生在小女兒出生不久。十月的最後一個星期五，上小學的大女兒因放秋假提前放學了，她回家就咳嗽不止又噴嚏連天，典型的感冒症狀。我忙將剛滿月的小女兒穿戴整齊，放在新買來價格不菲的嬰兒車裏，推著她陪姐姐去看兒科醫生。

通常醫生在周末只開診半天，我甚至來不及預約，總算在十二點診所下班之前趕到了。當我把嬰兒車停在診所門外的通道裏時，見那裏還停放著一輛破舊不堪的嬰兒車，裏面堆滿了雜物。當時我還慶幸雖然成了當天最後一批就診者，看來人並不多，無需長時間等候。我們進去時正遇到兩個年輕的東歐女人離開，其中一個懷抱著嬰兒，門外那輛破車一定是她們的。

醫生很快就接待了我們，她只給女兒開了止咳糖漿，整個就診過程不過二十分鐘。等我們一出診所的門，卻不由得大驚失色，上星期剛給寶寶置辦的「坐騎」轉瞬之間竟不翼而飛了！再定睛一看，那輛破車還在，只是不見了裏面的東西，只剩下了孤零零的空架子。當時我第一個念頭就是：一定是剛才那兩個東歐女人幹的，很顯然，她們將我們寶寶的車給偷梁換柱了，事不宜遲，追！我立刻返身回到診所，簡明扼要地向醫生講述了在她診所發生的盜竊事件，並請求她告訴我那兩個女人的住址。醫生猶豫了一下，還是吩咐助手從電腦裏調出了她們的登記材料，然後關照我：「如果在附近發現了車子要先報

警，千萬不要貿然行事，電腦記錄顯示她們是南斯拉夫難民，他們的家族勢力很大，你一個亞洲女人又帶著兩個孩子，一定要注意安全。按原則我是不該提供給你地址的，可除此之外我不知該怎樣幫你，希望你⋯⋯」我心領神會：「放心，我知道該怎麼做，多謝了！」

辭別醫生，我就左手抱著小的，右手牽著大的，循著醫生提供的線索一路尋去。就在那條小路快走到盡頭的時候，只見幾個南斯拉夫女人說說笑笑地從一家大門出來，我一眼就認出推著嬰兒車走在前面的女人正是我剛才在診所遇見的，再定睛一看她手裏的車，沒錯，正是我們那輛！我真服了他們，偷了人家的東西不老老實實地躲在家裏，竟敢大搖大擺地招搖過市，就算你是強盜賊窩，莫非不是置身在德國的法制社會？真乃賊膽包天！頃刻間，我怒向膽邊生，早忘了醫生語重心長的吩咐，高喝一聲：「你們給我站住！」趁他們發楞的功夫，說時遲那時快，我幾個箭步穿過去，一把揪住推車的女人怒喝：「這是我們寶貝的車，還給我！」那女人爭辯道：「車是我們新買的，不信給你看收據。」我厲聲道：「我沒興趣，留著你的收據給警察看去吧！」說著我掏出手機就撥打110，不知是我過於氣憤還是抱著孩子不方便，撥打幾次都沒信號。這時她們中另一個女人衝過來奪我手裏的電話，被我單手推了個趔趄，那女人就地撒開了潑，衝底層的一扇窗戶喊道：「來人啊，中國女人搶劫了！」窗戶應聲打開，探出一白一黑兩個男人的頭，只聽他們哇啦哇啦一陣南斯拉夫話後，那個壯年男人對我威脅道：「你再不安靜，她們會告你攔路搶劫，我們可都

是證人。」十歲的女兒哪見過這麼賊喊捉賊劍拔弩張的陣勢，連氣帶嚇，一旁哇哇大哭起來，她扯著我的衣襟嗚咽著說：「媽媽，就算車是他們的，我們快走吧，別嚇著妹妹……」我只好安撫她：「你不可以這樣懦弱，是咱們的就是咱們的，有媽在，別怕！」我抱一個摟一個，義憤填膺地吼道：「好呀，最好你們立刻就去告我，你們不告，我來替你們告！」說著我繼續撥打110，這回我也不管接沒接通，衝著話筒一通亂喊：「這裏是某某街，發生了搶劫案，你們再不來就出人命了！」沒想到我這一喊，她們竟扔下車紛紛狼狽鼠竄，我不折不撓地乘勝追擊：「你們給我回來，把這堆破爛從我車裏拿走！」那個偷車的年輕女人極不情願地回來把塞在我車裏的東西急急地往外掏，慌亂中不知是什麼亂七八糟地灑得滿車都是，她嘴裏還罵罵咧咧：「還就還，你個臭中國女人！」我厭惡地說：「少廢話，這車我不能要了，你得賠我新的！」這時，早有德國鄰居聞聲趕來，他們有的打電話叫警察，並紛紛掏出紙筆留下姓名、電話，自告奮勇地為我作證，有的安慰我那仍哭哭啼啼的大女兒：「別哭了，我的甜心，你應該為你母親的膽略感到驕傲，我們都看見了，她是好樣的！」還有一位抱著小兒的年輕母親當面質問她們：「今天我親眼看見你們推著一輛破車出去，很快就推回一輛嶄新的嬰兒車，正疑惑著你們從哪能這麼快買回了新車，就看見這位中國媽媽找上門來，可你們卻知錯不改，仗著人多勢眾欺負人家，你們自己也有Baby，摸摸你們的心還在嗎？」不知誰通知了社會救濟部門，很快派來一位女士，她提醒我查看一下車裏還少了什

麼，是否有損壞，她會和有關部門協商賠償，我敲窗將所缺之物一樣樣索回。

這些難民是當年波黑戰亂的遺患，雖然德國政府花那麼多錢救濟他們，可金錢只能救濟生活卻無法拯救有些被戰爭扭曲的心靈。別看他們在這裏衣食無憂，卻缺乏安全感，經常像螞蟻搬家似的順手牽羊拿走不屬於自己的東西，氣得德國鄰居也罵他們的連最起碼的公德心都沒有，其實他們才是戰爭的最直接的受害者，從這個意義上說也是一個可憐的群體。

雖然在這場正與邪的交鋒中我大勝而歸，可事後很多同胞朋友卻責怪我的莽撞，因公差回國的丈夫聽說後甚至打來國際長途關照：再遇到這類事寧可破財免災，畢竟帶著兩個孩子，平安最要緊。我感激並理解親友們對我發自內心的關切，認為他們的話雖不無道理，但我堅信：只要正氣凜然，邪，不可能壓正。相比之下，那些路見不平，仗義執言的德國人，他們的正義感和社會責任心確實令人佩服，這樣的公民是法制國家的基石。

母親節的康乃馨

　　這天是五月的第二個星期日，和每天一樣，早晨起來，我推開通向陽台的落地窗，頃刻間，滿目都是碧綠的草地和湛藍藍的天，一絲絲歐洲大陸特有的清風拂面而過，柔柔的，潤潤的，還帶著一股沁人心脾的花香。我正陶醉於這濃郁的春之氣息時，忽然驚喜地發現，一束鮮艷欲滴的康乃馨盛開在我的窗前，一定又是早起的鄰居們悄悄放上去的。我想起去年由於丈夫工作的關係，我們一家旅居希臘時，在那個地中海邊風光旖旎的克里特島上，似乎也是在這一天，我莫名其妙地收到不少康乃馨。當時由於語言不通，我只當是熱心的希臘鄰居們這天心情好的緣故，可是一年之後的同一天，在另一個歐洲國度的大都市——柏林，怎會又出現相同的情景？正當我百思不解之時，門鈴聲大作，開門一看，是柏林華人基督教會洪牧師的妻子——洪師母手捧一束紅紅的康乃馨，滿面春風地向我道賀：「母親節快樂！」

　　我急切地請求：「快告訴我，母親節是怎麼回事？」

　　洪師母坐在沙發裏啜著香茗，帶著好聽的台北口音，輕聲軟語地回答我的疑問。

　　原來，這是本世紀初一個聰明又善良的美國姑娘安娜最先發起的。當時，正是第一次世界大戰全面爆發，青年人紛紛奔赴戰場，而他們的母親卻由於惦念著兒女日日心神不寧、寢食難安。母親們有的虔誠地祈求上帝，禱告戰爭早日結束，孩

子們平安歸來；有的索性每天露宿車站，盼望著某一天她的孩子能從哪輛車上下來撲進她的懷抱裏。安娜看到這一切深受感動，她覺得應該有一個節日來紀念這些平凡的母親，來讚頌這偉大的母愛。最後，她決定將這個節日定在每年五月的第二個周日，因為她的母親就長眠在這個日子裏。從那以後，每年的這一天，安娜就將她母親生前最喜愛的康乃馨敬贈給她所認識的和不認識的母親們，她要用整個心靈把自己對母親的深切懷念和愛戴播灑到每一個有母愛的地方。安娜的行動，喚醒了無數兒女對母親的尊敬與熱愛，「母親節的康乃馨」更是感動了越來越多的人，漸漸地在西方形成一個習俗沿襲至今。每到這一天，花店裏的康乃馨就會供不應求，兒女們紛紛借此機會向母親表達自己的心聲：媽媽，孩子永遠愛您、感激您！母親們如果這天帶著孩子外出，路遇的行人無論認識與否，都會微笑著向她道聲：「母親節快樂！」

　　故事講完後，洪師母笑吟吟地邀請我們一家參加下午的母親節活動，她告訴我們，屆時將有洋牧師來做關於母親節的證道。臨告別，洪師母還不忘叮囑我：「今天可是我們的節日，下午一定要來，別忘了穿漂亮些喲！」

　　可嘆我帶著女兒隨丈夫在歐洲闖蕩了兩個年頭，連續收到母親節的康乃馨，竟還不知所以然，如此說，今天洋牧師的證道，我真該去認真聽聽了。

　　下午，我們一家如期而至。雖然我們對基督教一直抱著尊重的態度而並未真正加盟，但教會的朋友們卻對我們關懷有加，其誠摯之情使遠離故土的我們覺得很溫暖。

　　教堂的講壇上，精通中文的洋牧師正就如何尊敬母親、孝順母親的話題侃侃而談，當說到：「今天應是母親們放鬆的日子，也就是我們做父親下廚房的日子」時，台下一位男同胞大發感慨：「如此說來，我老婆是天天過母親節了！」引起一陣哄堂大笑。

　　洋牧師證道完畢，宣布：「請今天在座的所有母親到台上去，接受獻花。」話音未落，只見小孩子牽著小母親、小母親扶著老母親爭先恐後地擁向前台，就連小寶寶還未來得及降生的孕婦們也昂首挺胸地走了上來，洪牧師見母親們都已在台上站好，就宣布說：「現在，請丈夫們帶著你的小孩到我這裏拿一枝康乃馨，去獻給他們的母親，單獨來的母親們不要著急，最後我們教會的兄弟姐妹會向你獻花的。」頃刻間，教堂裏一片笑語喧聲，一簇簇康乃馨盛開在我的身邊。這時，一位年輕的台灣紳士見我許久無人問津，遂善意地遞給我一枝康乃馨，我連聲道謝，正要伸手去接，洪牧師卻又發了話：「我可是親眼看見雨欣是由她先生陪著來的，這位弟兄當心不要表錯了情喲──」好一個愛開玩笑的洪牧師！我只好收回欲接花的手，目光急切地搜尋著丈夫。原來，他正忙著在二樓的貴賓席上為我選角度按快門呢。眼看牧師手中的鮮花就所剩無幾了，急得我顧不上再繼續矜持，衝著他又是招手又是跺腳的，他總算如大夢初醒，抱著女兒匆匆奔下樓來。可是牧師手中怒放的康乃馨早已被別人的丈夫搶光，他只能悻悻地送給為妻我一枝團得緊緊的花骨朵，我才不在乎呢，只要是從他手裏接過來的就高興。於是，我把這枝花骨朵高高舉過頭頂，讓他將我這備感幸福、驕傲的瞬間定格。

　　當母親們手擎著色彩紛呈的康乃馨笑容滿面地從台上走下來時，耳畔又傳來聲聲祝福，人們紛紛伸出手來，和母親們握手道賀。這時，一個台灣教友迎上來友善地握住我的手說：「祝福你，也祝福你的母親！」沒想到，他這句祝福竟引出我塵封多年的傷痛，他哪裏知道，我的母親，在我二十一歲的時候就如春蠶般吐盡了最後一口絲，離開了這個令她萬般留戀的世界，病魔無情地奪去了她年僅四十九歲的生命。在這個溫馨祥和的日子裏，作為長女的我卻身在異國他鄉，不能到母親的靈前，為她獻上一束鮮花一聲問候，念及此，我禁不住潸然淚下。丈夫見我如此光景，不知是他真的誤會了還是故意曲解我，竟一個勁地賠不是：「都怪我送給你一枝那麼不起眼的小花，其實那是我故意挑的，說明你雖然已是兩歲多孩子的母親了，可在我心裏依然像這枝小花一樣──含苞待放！」一句話說得我破涕為笑了，嘴上伴嗔他的話有牽強附會之嫌，可心裏還是美滋滋的。

　　傍晚回到家裏，丈夫幫我把這一天收到的康乃馨小心翼翼地插在花瓶裏，然後就擼胳膊挽袖子地和我搶著下廚房。他的理由還挺充分：「你沒聽見人家洋牧師說嗎？今天該是當母親的放鬆，當丈夫的下廚。」我說：「他是指西方社會那些大男子主義者說的，他們一年裏也許只有這麼一天的機會當好丈夫，而你卻天天都是！」為了及早防止他鼓搗一些不中不西的東西倒我胃口，我不失時機地贈他一頂高帽戴戴，他聽了果然樂顛顛地罷手了。

　　飯菜上桌，沒想到今天一直興致勃勃的他竟忽然深沉起來，只見他緩緩斟滿兩杯啤酒，表情肅然地問我：「小母親，你說今天這第一杯酒該敬誰？」

　　我心頭一顫，也同樣肅然地回答：「該敬我們倆唯一的老母親！」

　　這時，他眼裏已是星光閃閃，我倆舉杯一飲而盡，然後，抱起女兒面向東方——我們的老母親翹首盼兒歸來的地方，深深地、深深地鞠了一躬……

一九九四年五月於德國柏林

今人不見古時月，今月曾經照古人

　　中秋團圓日，少不得呼朋喚友聚在一起，笑語喧聲把酒言歡，以抵禦他鄉明月的清冷。

　　每年的中秋，曲終人散後我都會給月亮拍一張照片，雖然夜裏懸掛在天上的玉盤光潔明亮，有時還能看見明月周圍好看的暈圈，可拍在相機裏也就是漆黑背景下一個圓圓的亮點。年復一年，我的電腦裏存下了許多張不同時期拍攝的同一個「亮點」。就算你保養得再好，人的容顏每年都會有所變化，可是天上這輪明月，不知經歷了多少滄桑歲月，至今依然皎潔。可惜的是，今年的中秋之夜，竟然是雲遮月，舉頭仰望，我只看見透過雲層清淡的月光，卻看不見那輪明月。

　　俗話說：十五的月亮十六圓。昨天恰是八月十六，這晚的月亮果然是不負眾望地金黃耀眼。為了拍好它，我甚至還站在一隻高凳上，以為這樣就能離月亮近一些呢，想想不免笑自己傻氣。

　　雖然中秋已經過去了兩天了，可我的月亮情結仍揮之不去，今天給幾個大孩子上中文課時，觸景生情的我把原計劃要講解的散文臨時改成了介紹李白的咏月詩。我覺得李白的一生就是與詩酒月亮緊密連在一起的，他的咏月詩無論是膾炙人口的〈靜夜思〉還是抒發孤寂情懷的〈月下獨酌〉都是那麼讓人過目難忘。就連他的告別人世，都離不了詩酒月亮的

陪伴，因為那是他在狂飲之後義無反顧地撲向了水中月亮的倒影。可以說，月亮既成就了李白的浪漫，也成就了李白最後的悲壯。在給學生講解李白與月亮的關係時，講到動情處，忍不住又吟誦了李白的〈把酒問月〉：「青天有月來幾時，我今停杯一問之：人攀明月不可得，月行卻與人相隨？皎如飛鏡臨丹闕，綠烟滅盡清輝發？但見宵從海上來，寧知曉向雲間沒？白兔搗藥秋複春，嫦娥孤棲與誰鄰？今人不見古時月，今月曾經照古人……」

　　我以為，李白豪放的詩句會引起學生們和我一樣的共鳴，可當我遇到他們那一束束懵懂茫然的目光時，忽然明白了，這已經是與我們完全不同的一代人了，他們雖然長著和我一樣的黑眼睛黃皮膚，可在他們的心裏，卻根本不知鄉愁為何物，因為生長在異國的他們早已經錯把他鄉認作了故鄉。

果園遐思

朗朗秋日，纍纍果實。

我和幾個朋友怡然自得地漫步在柏林近郊的蘋果園裏，雖然手中的籃子已盛滿了，可還是抵禦不住那一個個沉甸甸懸掛在枝頭的誘惑，伸手踮腳地採摘下來，間或像渾沌之初的亞當夏娃一樣，捧著一隻青裏透粉、粉裏泛紅的大蘋果，忍不住一口咬下去，咀嚼著那份脆生生的甘甜，頃刻間滿口生津。

按照德國果園的管理慣例，前來採摘果子的人是可以邊採邊品嘗的，只要牙齒夠硬、胃口夠好，基本上是想吃多少就吃多少，能吃多少就吃多少，最後他們只按照你手中籃子裏的果子稱重結算。所以，在果實成熟的季節裏，成群結隊呼朋喚友地到郊外果園裏去摘果子，不失為一種熱鬧歡快其樂融融的休閒方式。當我拿著一只大蘋果正端詳著時，果園的主人——那位黝黑健碩的德國小夥子衝我大喊道：「別光顧楞神呀，快咬下去，吃到嘴裏才能知道值不值得摘下它們。」言語中充滿了豐收的喜悅和自信。他哪裏知道，此時此刻，置身在歐洲這隔一望無際的果叢中，我的思緒早已穿越時空歲月，飛過萬水千山，回到了天那邊的家園，我仿佛又看到了那間冰天雪地中溫暖的小屋，小屋裏圍坐著四個興奮地守著一籃蘋果過年的孩子和孩子們欣慰的母親。

　　那四個孩子就是三十年前的我和我的兄弟姐妹們。當年，我們興奮是因為過年終於能吃上平時難得一見的蘋果了，母親欣慰是因為這籃蘋果實在是來之不易又失而復得。

　　記得那年的冬天真是冷啊，家家房檐上懸掛著一柱柱冰棱，玻璃窗上也封滿了厚厚的霜花，剛剛在學校裏學會寫字的我用彩色鉛筆給駐守邊疆的父親寫了一封五顏六色的信，寫不出來的字只好用畫代替，圖文並茂地表達了我和弟弟妹妹對他的思念，希望他能回家和我們一起過年。不知過了多久，爸爸回信了，信是由媽媽讀給我們聽的，爸爸在信裏抱歉地說，由於部隊任務重，春節就不能回家了，但是他會把一筐蘋果送到火車上，委託列車員幫忙捎回來，到時候到火車站取就是了。那是從四面八方給邊防將士們送來的擁軍物品（按：百姓為表示對軍隊的擁護，逢年過節自願送給軍隊的禮品叫「擁軍物品」），爸爸平時捨不得吃，用當地報紙一個個包好攢起來的。信的結尾，爸爸關照我，下次再給他寄信時別忘了朝媽媽要一張八分錢的郵票貼在信封上。我才知道，那封雖花花綠綠卻沒有郵票的信居然也準確無誤地飛到了爸爸的手中。

　　蘋果運到那天，我們家裏比過年還熱鬧，不光我們姐弟人手一個，鄰居的小朋友們也都有份，我們舉著蘋果蹦蹦跳跳地啃著，別提有多開心了。媽媽規定，這以後，我們姐弟四個每天一人一半分吃兩個蘋果，這樣堅持到過年時，家裏還會有水果吃。然而，還沒等到過年，我們就沒有蘋果吃了，因為一個雪後的早晨，上早班的媽媽發現我家的地窖門被人給撬開了，鑽進去一看，冬儲的大白菜土豆雖然沒少卻都凍壞了，那筐蘋

果已經不翼而飛。媽媽氣得當時就哭了出來，還跑到附近的派出所報了案。事情發生後，很快就來了兩個民警，勘察了半天也沒什麼結果，因為連夜的大雪早就覆蓋了一切可疑的痕跡。媽媽囑咐我不要告訴爸爸，如果讓他知道自己省吃儉用又千辛萬苦捎回來的蘋果，自己的親人沒吃到反倒落入了賊口，肯定會非常傷心的。

就在媽媽籌畫著如何帶孩子們度過這個傷心失望的春節時，派出所的民警卻出現在我們家裏，並告訴我們說，蘋果找到了，小偷也抓到了，竟然是校區影院放映員那個上中學的兒子，蘋果和人都還在派出所裏，正等著媽媽去發落。媽媽聽到後，一把抓起外套，邊穿邊走還不忘急切地詢問：「你們沒把他怎麼樣吧？吃幾個蘋果不要緊，可別把孩子嚇壞了！」

那筐蘋果除了被放映員的幾個孩子吃掉的，除了媽媽過年分發給親友的，到大年夜，我們還能守著一籃子蘋果過年，在那個年代，還真是很奢侈的幸福呢。

我曾好奇地問媽媽，警察叔叔是怎麼幫我們找回蘋果的。媽媽說：「爸爸不是用他們駐地的報紙包的蘋果嗎？警察叔叔知道這個細節後就在附近的垃圾點守著，看誰家扔的垃圾裏有那種報紙誰就被盯上了。」據說，當時他們是把這筐蘋果作為要案來破的，而且投入了很大的警力，並不是這筐蘋果本身有多重要，他們對媽媽說：「駐守邊防是孩子父親的責任，守護他的家人是我們的責任。」

那個軍民魚水情的年代！

　　如今，母親早已乘鶴西去，父親也年事已高。站在果樹下，我對天上的母親說：「媽媽，如果你在世，我一定帶你來果園裏摘蘋果，在果園裏，你可以盡情地品嘗，你再也不會為兒女們過年吃不上蘋果而傷心了！」

　　回到家裏，我對著電話那端的父親說：「爸爸，如果你肯來德國，我一定帶你去果園裏摘蘋果，在果園裏，你可以盡情地品嘗，你再也不會為兒女們過年能吃得上蘋果而省吃儉用了。」年過七旬的父親笑聲依然爽朗：「傻丫頭，你替我多吃一些吧，別忘了老爸的血糖高，牙也怕酸。」電話這端的我，手仍然握著話筒，眼淚卻不爭氣地流了下來⋯⋯。

終於如願以償帶父親來到德國的蘋果園

可憐天下父母心

　　父親來德探親三個月，飲食上一直以粗茶淡飯為主，每天離不了小蔥拌豆腐、黑麥麵包和繼母親手生的嫩豆芽，隨著二老的飲食習慣，三個月下來，不知不覺中我的體重也減了幾公斤。父親拒絕吃葷，說是對他的血壓不好，他只喝豆漿，不喝牛奶也不吃雞蛋，說是怕血脂高，繼母也嚷嚷著腸胃不暢，黑麥麵包倒是最佳的健胃食品。

　　由於住在近郊，為了充分尊重父母的生活習慣，我只好每天開著車跑到市中心的亞洲店給他們採買新鮮豆腐和嫩蔥，又買來磨碎機，然後四處搜尋新鮮黃豆，以保證每天早上讓他們喝上新鮮豆漿。繼母愛吃的黑麵包也是我專門到綠色食品專賣店裏買來的，那種麵包又酸又貴，平時我從來不買。繼母製作的綠豆牙雖然很新鮮，但製作過程卻很複雜，需要不停地換水，雖然德國私人住房的水費價格不菲，但一想到要保證二老在這三個月期間吃住遂心所願，也就不計較這點得失了。

　　三個月轉眼即逝，父母回國後，我和在國內的小妹通電話時，說起老人們的生活習性，小妹告訴我說：「他們那是怕你破費，在幫你省錢呢。爸回來和我說了，你姐在外面也不容易，我們出去看她過得不錯就心安了，我們回國什麼好吃的吃不到呀，哪能讓她在一日三餐上為我們破費？我們畢竟就呆三個月，她的日子還長著呢！」

　　聽了小妹的話，我不禁愣在那裏啞口無言，老爸呀老爸，讓我說您什麼好？您知不知道，德國的小葱多少錢一公斤？雞蛋多少錢一公斤？小葱絕對比肉還貴呢！您那新鮮豆漿和豆芽的生活方式在這裏絕對可稱得上貴族了，還有我每天進城昂貴的汽油費您為我算過嗎？

　　父親只知道心疼女兒，卻忘了西方的價值觀和中國的差異。

　　我只知道順從父親，也忘了他老人家胸中還揣著一顆拳拳中國心。

　　如果父親有機會再來我這裏住一段時間，我決不再聽信他的健康神話，我要天天給他老人家燒他真正喜歡吃的山珍海味雞鴨魚肉，去他的小葱拌豆腐和豆芽菜黑麵包！

我在德國辦學校

　　從小就對文學懷有濃厚興趣的我在德國生活十幾年來，從未中斷過筆耕。最初僅僅是對身在他鄉的一種精神寄託和情感的宣洩，久而久之，竟然不知不覺地走上了文學創作的道路。即使如此，我心中一直以來仍有個殷殷的心願，就是在德國辦個具有自己特色的中文學校，即能發揮自己的語言特長又能傳播中國文化，還能自食其力在他鄉立足生存，真可謂一舉多得。許多生長在海外的華僑子弟，雖然長著黑眼珠黃皮膚，卻是滿口的洋腔調，說起中文來更是怪調百出，有的在思維上乾脆就和母語文化斷層了，看到這些，更有一種強烈的弘揚祖國文化的使命感。

　　確切說，我的第一個學生應該是我女兒。雖然我沒有為她定時定點刻意地安排中文課，但在日常生活中卻是利用一切機會不動聲色地向她灌輸，久而久之，這種潛移默化的影響使她在不知不覺中自然而然地對學習中文產生了濃厚的興趣。在她讀中文書籍或看中文節目時，隨時會提出一些問題，有些帶有文化背景和歷史淵源的問題我也盡量不厭其煩地給她解釋，使她在我這裏學到的不僅僅是中國語言，長此以往，女兒對中國文化也有了初步的認識。並連續幾年在《人民日報》海外版、中央電視台等一些媒體聯合舉辦的世界華人小學生中文大賽中，她都憑藉優秀的中文寫作能力獲得大獎。女兒取得的成績

使我有了信心，推己及人，便滋生一個強烈的願望：在異國他鄉辦一所自己的中文學校，當一名特殊的教育者，專門向渴望暸解中國的國際友人，和在特殊語言環境下生長的孩子們傳播中國文化知識。為了這個目標，二○○五年的夏天，我還專程飛回中國，整整一個月，每天在酷熱煩悶的桑拿天（按：天氣悶熱得像在蒸汽浴室裏一樣令人喘不過氣叫「桑拿天」）裏早早啟程，融入熙熙攘攘的車水馬龍裏，趕赴北京語言大學如饑似渴地進修漢語教學課程。經過100多個小時的苦讀，一路過關斬將，終於修成正果，以優異的成績順利通過結業考試，證書是北語的副校長──資深語言學家石定國教授親自頒發的。當時，我手捧著這本沉甸甸的證書，真是有萬千感慨，它不僅是我一個月揮汗苦讀的證明，更是對我多年來透過勤奮筆耕、積累文化知識、牢固語言基礎的肯定。

　　進修結束後，我剛剛飛回柏林，還未等角色轉換過來，就接到一個熟人的電話，這是一位在柏林華人界頗負盛名的商界女強人，既有成功經商的經驗又具備萬方儀態，同時還是一位望子成龍的母親。在電話裏，她急切地問我：「聽說你進修漢語教學回來了，何時開課呀？我準備把我的兩個兒子和一位朋友的女兒都送到你那裏學習。」我說：「學校正在籌備中，何時正式開學尚未確定，還得聯繫教室呢。」她快言快語：「三個孩子已經能組成一個小班了，還籌劃什麼？你的書房不是有足夠的空間嗎？就在那裏上課好了，這周末我就把孩子送過去，你定個學費的標準吧。每周一次課，每個周六上兩小時，早晨頭腦清醒，就從早9：00～11：00，行不行？」我沒想

到，學校還未正式掛牌，學生就主動上門了，為了有個良好的開端，更不願委屈了我這頭三名學生，剩下的幾天裏，我一邊忙著翻資料備課，一邊馬不停蹄地跑家具店，辦齊了課桌課椅

等教學設施，還特意買來一塊大寫字板掛在書房的牆壁上，如此一來，我的書房儼然就是一間非常正規的教室了。因為平時對這三個孩子比較瞭解，我參考了大量的教學資料，結合他們的日常生活，專為他們量身定作了一套教學方案，為加強孩子們的參與意識，甚至連對話練習都是我用他們的名字以他們的口氣逐字逐句輸進電腦裏，然後又一頁一頁打印出來的。為了這次只有三個學生的中文課，我可謂煞費苦心地傾注了滿腔的熱情。

為使課堂的氣氛更加活躍，在開課的頭一天晚上，我又積極動員我的女兒參加這個學習小組，女兒說明天中午已經約了同學去參觀博物館，經我一再向她保證11：00準時下課，誤不了她的約會，中文程度已經很好的她才勉強答應給我捧場。

第二天周六，我很早就起床把教室整理一番，早晨氣溫低又擔心凍著孩子，便早早打開暖氣，備好早餐，把女兒從周末一貫的懶覺中喚醒，硬著心腸對她極不情願的表情視而不見。

用過早餐收拾停當，時針已經指向了8：50分，我把女兒帶到書房，翻出一套國內小學不同年級的語文課本，一邊檢驗她讀課文的流利度和對詞彙的掌握程度，一邊等那幾名學生。直到女兒把從四年級到六年級有難度的課文都通讀了一遍，他們仍然沒來。此時掛鐘上的指針已經毫不留情地指向了11：00，正是我答應女兒的下課時間，我只好打電話過去詢問，那位母親連說抱歉：「兒子們還未起床，我又不敢催他們，怕有逆反心理，從此不學母語了，要不下午學吧。」因為下午我已約了採訪，只好回絕：「我下午沒時間，要麼馬上來，要麼就只好取消。」她忙說：「我馬上叫他們起床就到你家，你給我20分鐘。」我女兒一旁聽到了我們的談話，帶著哭腔說：「還要20分鐘？我還有事呢，今天可不可以不學了？你讓我先走吧！」萬般無奈，我只好給她放行。

這邊剛答應放走女兒，那邊他們也終於姍姍來遲。這堂課的第一個小時是母親陪著兒子上的，期間還不時地提醒我：「別太嚴厲了，對他們不能要求過高，得哄著來，要不他們就又罷學了。」可憐天下父母心，她道出了從小生長在海外的孩子學中文的普遍難點，我也只好循循善誘地哄著這幾位個頭比我還高的半大少年學習母語。課上到一半時，只聽媽媽溫和地詢問兒子：「媽媽今天就不陪你們了，你們想和這位阿姨學就留下，不想學就和媽媽回家。」少年竟然表示要繼續留下，當母親的終於鬆了一口氣。

中秋前夕，孩子們還特地跑到我這裏，問我住在月亮上的那個仙女是怎麼回事，我藉機給他們講了嫦娥奔月的故事，

還教他們念了一首李商隱的七言絕句《嫦娥》：雲母屏風燭影深，長河漸落曉星沉。嫦娥應悔偷靈藥，碧海青天夜夜心。孩子們反覆吟誦著，一副若有所思的樣子。

如今，以我名字命名的雨欣柏林中文學校已初具規模，我的學生們在歷屆作文大賽中都取得了可喜的成績，他們那一雙雙渴求母語文化的目光，堅定了我在海外辦學、傳播祖國文化的信心。

仁者的山，智者的水

　　應大女兒露露的邀請，在柏林電影節前期犧牲了兩場電影，忙裏偷閑，參加了他們的柏林中小學生現代舞劇匯演。

　　平時也經常聽到她參加排練的一些小花絮，點滴瞭解到在這部舞劇的劇本產生之前，指導老師曾經讓大家每人寫一篇劇本情節大綱，結果最終被選中的竟然是露露的手筆。然後大家在露露那部劇本雛形上再進行多次加工，豐滿人物豐富劇情，最後由戲劇老師統一編導。也曾聽到露露的抱怨，說既然是她的創作理念，為什麼她的出場時間比別人少那麼多？這讓我不由得聯想起她上小學時因為聖誕演出所發生的故事。

　　那年，我為了給她爭取一句台詞跑到學校，因為一連三年露露都沒等到一句台詞，而且連續三年在聖誕童話劇裏沒有說上一句話的學生，全班近三十人裏也只有露露一個。第一年劇本出來後，露露對老師說：「老師，我也要說話！」那位五十開外，在教學方面頗有口碑的女教師回答道：「今年就這樣了，明年再說吧。」第二年聖誕前夕，劇本下來後，露露還是沒有一句台詞，她又找到老師，仍然是那句話：「老師，我也要說話！」還是同一位女教師，她輕描淡寫地回答：「你說晚了，劇本我已經寫好沒法改，下回你要提前告訴我。」可憐的露露，這一等又是三百六十五天，終於等到了又一個聖誕的來臨，這回，露露早早地跑到老師那裏，仍然是那句話：「老師，我也要說話！」老師說：「知道了。」可是，劇本下來

後，露露的角色僅僅是伴舞，還是沒有一句台詞，這回孩子的心理承受能力達到極限了，回到家裏就號啕大哭起來，邊哭邊訴委屈：「雖然我是外國人，德語沒有同學說的好，可我又不是啞巴，我不要像同學一樣多說，只要在台上說一句，就一句呀……」我忍著眼淚找到那位班主任，剛說明來意，那位老師就凶巴巴地衝我吼道：「台詞台詞，又是台詞！說話的是角色，不說話的也是角色，伴舞難道就不是角色了嗎？我沒時間聽你說這麼無聊的問題，閃開閃開，我得上課了！」一時間，我突然感到，她本人就是她親手執導的那部童話劇裏的老巫婆，我怎麼能把一個甜美精靈的女兒放在這個窮凶極惡的老巫婆身邊？於是，我瘋了一樣衝進班裏，一把拽出正要上課的露露，賭氣在第一時間開出了轉學證明，班主任也瘋了一樣追出來，喊到：「你把我的學生還給我！」我回敬她：「我要找一個能讓我說話的地方去說，當我女兒的老師，你不配！」。

　　當晚，很多同學的家長來到我家裏勸我不要意氣用事，因為露露在讀的學校是柏林最有名氣的音樂專業小學，很多學生從很遠的地方趕來入學，甚至一個位置要等上好幾年，而我們作為外國人，把孩子送到那裏時根本沒瞭解那麼多，不過是因為學校就在家門口孩子上下學方便而已。透過德國家長們的勸說，我還瞭解到，如果我為了幾句台詞就一意孤行的話，那位班主任老師幾十年積累的名望將功虧一簣，很可能還會因此失去工作。那件事最後果然驚動了校長，家長代表出面把雙方約到了一起，校長和班主任代表校方，家長代表和我們代表學生方，當時那位老師的辯解是：她寫了露露的劇本，就是還沒

來得及告訴露露呢，我這個當媽的就鬧起來了。說著還真把劇本亮了出來。我明明知道那是事情發生後，老師迫於壓力連夜給露露趕寫的一場劇本，也就不再得理不饒人地揭穿她了。經過協商後的結果是：增加露露的台詞戲份，角色雖然是王宮裏的廚娘，但總比根本沒有角色要好。而我們要做的就是立刻把露露轉走的學籍再轉回來，將此事造成的不良影響降到最低限度，至此，那場轟轟烈烈的台詞風波終於得以和平解決。

時光荏苒，五個三百六十五天倏忽而過，今天，身為美少女的露露恐怕再也不會為一句台詞而嚎啕了吧？且我知道，在這場十五分鐘的舞劇裏，演員們沒有一個角色是有台詞的。所以，這次一直到臨出發前，我都認為此行就像她小時候的每一場有台詞或沒有台詞的演出一樣，我的出席不過是對她辛苦排練的肯定，說穿了，就是捧個人場而已，孩子的演出，原則上好與不好，家長都是理所應當到場祝賀的。

然而，這出名為《日全蝕》的舞劇，卻大大出乎我的意料了。只見帷幕拉開後，柔和溫馨的背景下，少男少女們雙雙對對地在輕鬆歡快的樂曲聲陸續舞出，他們身著輕盈隨意的服裝，赤著腳板漸漸地舞成了無數個和諧的圓圈。接下來，他們的舞蹈動作發生了變化，只見有的橫臥在草地上自由地扭動，有的坐在那裏抱膝望天，還有的舞起了西班牙鬥牛士……整個舞台呈現了一個無拘無束自由自在的歡快場面，似乎大家都在這樣一個和諧隨意的場景下，等待日全蝕的到來。直到這時，露露還未出現，我不禁為她捏了一把汗，生怕她因為角色小又鬧情緒，正想著回家如何開導她呢。恰在此時，只見身穿紅Ｔ

恤，運動褲，腳蹬運動鞋，身背雙肩包的露露猛然間跳出，深埋著頭單腿跪在舞台的正中央，此時歡快的音樂聲戛然而止。雖然露露身上的裝束就是她平時的穿著，可是，在那種氛圍裏，在那群自由自在的孩子們中間，她原本平常的出現，竟顯得那樣的突兀和另類。不光台上的孩子們驚愕了，連觀眾席上都對她這一出乎意料的出現錯愕得一片寂靜。在雜亂無章的背景音樂中，被圍在中間的露露的舞姿即揉和了太極的動作又摻雜著武術的痕跡，只見她根本不顧周圍同伴的詫異的目光，自得其樂地舞著，也帶動了幾個少男少女跟在她的身後笨拙地模仿。通過舞蹈內容，觀眾體會到這期間有衝突，有試探，有和解……總之，露露這一另類舞者的出現，無疑打亂了大家原有的和諧與輕鬆，最後，在一群赤足德國孩子的群舞包圍中，露露無奈地放棄了自己獨特的太極式舞蹈，試圖按規定旋律迎合大家的舞姿，可那舞姿又顯得那樣的生硬和無所適從……

當時，我的座位正好在樓上的正中間，當我居高臨下地望著女兒頂著一頭黑黝黝的濃髮在一群金髮少年男女中間頑強地起舞時，我深切地體會到了她的孤獨，她的抗爭和渴望。她曾經那麼強烈地渴望融入她所在的環境，這個環境也曾經那麼漠視甚至排斥她，在她所在的那個別人眼裏和諧輕鬆的環境裏，她不明白，為什麼小小的她是他們眼中的異類，為了被理解被融合，她一直在努力著，堅持著……想到這裏，我的眼睛模糊了，我做夢都沒想到，我那年僅十五歲的女兒，會用她的肢體語言把她這些年所受到的委屈和不公平揭示得如此透徹淋漓，她從前所遭受的挫折必將成為她今後人生的財富。

　　舞劇的高潮，日全蝕出現了，頃刻間全場陷入一片黑暗之中……當燈光重新點燃的時候，舞台中央的露露消失了，只留下了她那黑色的雙肩包。孩子們對著那只普普通通的雙肩包，有的陷入了沉思，有的在四處尋找……舞劇在觀眾熱烈的掌聲中落下了帷幕，露露在小夥伴們的簇擁下長久地謝幕。

　　演出結束後，我和露露一起參加了新聞發布會，在那裏我遇到了這出舞劇的總導演，露露的現任班主任老師，同樣也是一位五十開外的女士，我向她談到了我本人對這齣舞台劇的感悟和理解。我認為，它表現了兩種不同的文化在衝突和碰撞中即排斥又融合的主題，作為主體文化，當面對外來文化的介入時，無論你採取什麼態度，外來文化都會或多或少地對主體文化產生影響，就像舞劇的結尾，作為外來文化化身的露露雖然離開了，但她留下的那只雙肩包還是讓人陷入了沉思。女兒聽了我的理解很不以為然地說：「媽媽以為自己是文化人就把什麼都往文化上引，其實我寫這個提綱的時候，就想說我需要朋友，我想要做我喜歡的事情，別人可以跳迪斯可，但不要感到我練中國功夫奇怪就好。留下書包就是想說，假如我回中國了，過去的朋友們會想我的。」雖然露露在呈交內容提綱的時候不會想這麼多，但是她的新班主任老師承認，她的確是從這齣舞台劇淺顯的故事裏挖掘出了深刻的內涵，並通過孩子們的舞姿傳遞了出來。

　　我在這件事中得到的啟示就是：千萬不要小瞧孩子們的觀點，往往他們小腦袋瓜中看似簡單的主意，說不定何時成就了仁者眼中的山，智者眼中的水。

此豬耳非彼豬耳

　　那日外甥女的學校裏有派對，她特意邀請我家小女與她同去。在送小女參加她小表姐派對的途中，經過一家蛋糕房，小女便吵著要吃「豬耳朵」。她所說的豬耳朵和中餐通常概念裏的豬耳朵完全不是一回事，那是德國最普通不過的一種甜點，即：經過發酵的麵餅被捲成一圈圈豬耳朵的模樣，外面灑上一層厚厚的香草糖粉，經過烤製後，就成了小女最愛吃的香脆甜點「豬耳朵」。

　　在滿足了小女兒的願望後，她那一聲聲要吃「豬耳朵」的要求卻勾起了我另一番對「豬耳朵」的食慾，這裏我要說的「豬耳朵」絕對是正宗的中國傳統美食下酒菜，當年在家鄉，任何一家街邊小餐館裏都能找得到，物美價廉，營養豐富，據說裏面富含膠原蛋白和動物軟骨組織，還是美容佳品呢。然而，這種在國內尋常可見的東西在德國卻不容易見到，偌大的首都柏林，似乎就一家名叫瑞爾的大超市裏有，可這家大超市離我家竟然比到另一座城市波茲坦還遠呢，去一回瑞爾無異於計劃一次郊遊了。可是，今天在回家的路上，從豬耳朵衍生出來的一系列美食走馬燈一樣在我眼前不停地晃來晃去，從醬豬耳、香糟豬耳、東坡豬耳、透明豬耳一直晃到蒜泥涼拌豬耳……我實在忍無可忍了，立即登上了開往大超市瑞爾的地鐵，今天就算翻遍柏林的超市，也要搞到豬耳朵。

　　乘地鐵在經過利物普廣場轉車時，發現地鐵裏怎麼突然冒出來這麼多人？車廂裏竟然座無虛席摩肩擦踵，這種盛況過去在柏林是很少見的。出了地鐵站來到熙熙攘攘的大街上，只見往來穿梭的行人中，夾雜著很多中國留學生模樣的臉孔，心裏不免詫異著：柏林什麼時候接納了這麼多的中國學生？難怪平時看不到他們，原來都集中生活在這一帶了。

　　最後，我終於如願以償買到了豬耳朵，價錢也不貴，也就是普通肉價的三分之一吧，晚上回家可有事做了。一路上，我仍然不停地在想：這個地段為什麼如此吸引中國留學生呢？不知道這裏離賣豬耳朵的瑞爾大超市近是不是吸引他們的原因之一。

平安夜的不速之客

聖善夜，平安夜。

二〇〇七年的平安夜因老公的缺席，一直興致不高。本打算帶著孩子乘坐遊輪在海上度過，可這個計劃因為種種原因，直到聖誕的鐘聲敲響了也沒能實施。所以，那個聖誕夜一如往昔，叫來波茨坦留學離家在外的孩子們過來一起熱鬧一番。

為了讓孩子們高興，聖誕老人的適時出現是必不可少的節目。今年扮演聖誕老人的重任就落在了剛來不久的黑小子小崔的頭上。還別說，高高大大的小崔換上聖誕老人的一身紅衣紅帽，再戴上飄然的白鬍子，還真能以假亂真呢，尤其是那一口流利的英文，讓小女莉莉和外甥女丁丁都相信了他是從遙遠的北極趕過來的。更為搞笑的是，在派發禮物的過程中，大家事先給他本人準備的禮物上，被調皮的露露故意用德文和英文寫上「聖誕老人」一詞，讓這位剛上任的聖誕使者一時沒反應過來，竟然拿著自己的禮物滿屋大喊大叫著尋找：「這是給『Weichnachtman』的，『Weichnachtman』來了嗎？誰是『Weichnachtman』呀？快來拿你的禮物！」露露對這位忘我的聖誕老人很是不敬：「喂，你老糊塗了，把自己的禮物也拿來派發，不要可是歸我了！」小崔這才恍然大悟，原來他為大家帶來歡樂的同時，大家並沒有忘記他這個白鬍子的「聖誕老人」。

　　每件包裝精美的禮物都各歸其主後，大家正興致勃勃地拆看各自的禮物，同時不忘打趣已經背著孩子偷偷卸下裝束的小崔，這時突然聽見露露一聲驚叫：「門外有怪物！」因為露露經常會搞這樣的惡作劇，所以誰都見怪不怪，都不以為然地說：「露露你別逗了，這可是平安夜，哪來的怪物呀，你不是嫌禮物少，盼著再來一位聖誕老人吧？」這回露露是帶著哭腔指著客廳的落地窗外驚恐萬狀地說：「看看看，怪物的身上長著銀白的毛，眼睛還閃著綠光呢！」大家聞聲望去，果然看到了這位不速之客，在聖誕彩燈的映照下，只見牠那身銀白高貴的皮毛閃閃發亮，身後透迤地拖著一隻蓬鬆的長尾巴，正透過玻璃窗向室內的我們窺望呢。大家不由得驚呼起來：「狐狸！好漂亮的銀狐！」這一聲顯然驚動了這位不速之客，只見牠敏捷地越過花園的柵欄，跳到隔壁鄰居家的花園去了。鎮靜下來的我們這才發現，原本整潔的花園被這隻狐狸搞得一片狼藉，擺放在露台上的拖鞋被扔得東一隻西一隻的，還有一些撕碎的塑膠薄膜灑得到處都是，我正疑惑這些薄膜是哪裏來的，只聽大侄的呼天搶地：「肉，我的肉呀，被狐狸拖走了，饞狐狸你等著，我下回背一枝獵槍來了結你，你吃我的肉，我就吃你的肉！」「噓——」我忙打斷大侄嘻嘻哈哈的玩笑，一塊肉算不得什麼，狐仙嘛，還是敬重為好，但願這位德國的狐大仙聽不懂我們說笑的中文。

　　放在露台天然大冰箱裏那塊足有三斤重的五花肉，本來是要做我拿手的紅燒肉，特意給大侄期末大考增加營養的，還未來得及燒就餵了狐仙。我安慰大侄說：「好了，紅燒肉咱下

回再吃，今天就算我們過節，宴請了這位住在附近的動物吧，畢竟鄰居一場。」大侄不服：「是鄰居倒好了，你那穆斯林的鄰居要吃也是吃羊肉，不會拖走豬肉的！」一句話倒是提醒了我，狐狸把豬肉吃了不要緊，可別惡作劇拖走扔到人家穆斯林鄰居的花園裏，人家該以為我們是成心的，這還不得引起民族糾紛？想到這，我忙拿上手電筒到鄰居的花園搜尋那塊五花肉的蛛絲馬跡，謝天謝地，這隻狐狸還算精明，人家的花園裏沒留下什麼罪證。這時，突然遠處有兩道刺眼的綠光向我射來，我用手電筒照過去，只見那隻狐狸在鄰居花園的盡頭，面對照過去的手電光一點也不躲閃，昂著頭與我對視著，然後撿起什麼跑向我，遠遠地放下又跑回去，眼中的綠光又是一閃，再看腳下，我剛擺好的拖鞋，不知何時，又被牠拖走一隻扔在我和鄰居花園交界的地方，牠似乎在用這種方式在逗引你追趕牠，到牠的家裏去作客……

　　聖誕前夜，家有銀狐光顧，喜也？憂也？

　　聖善夜，平安夜……

柏林 5・31 賑災義演隨筆

　　柏林5月31日晚，在剛剛開放的中國文化中心裏，舉行了一場聲勢浩大的賑災義演，很多旅歐的藝術家和華僑團體、企業及柏林各個中文學校的孩子們都積極參加了演出，雖然才短短幾天的準備時間，可是每個參加演出的人都熱血滿腔，激情滿懷。

　　在演出的前幾天，我接到德國華人藝術家協會會長于奇石教授的邀請，與他們夫婦聯袂演出一個節目，演出的形式于教授已經策劃好了，配樂詩朗誦。在柏林，我和很多中外朋友一樣，都欣賞過于教授的洞簫和他夫人的鋼琴協奏，每每陶醉於他們配合默契的清音雅韻之中。這次，能夠與他們伉儷合作，為災區同胞盡綿薄之力真是令人欣慰的事。我毫不猶豫地應承下來，頭腦中立刻浮現出一句感人至深的手機遺言：「親愛的寶貝，如果你活下來，一定要知道，我愛你！」頃刻間，四川5・12地震發生以來，我極力克制的悲痛化作媽媽對孩子的一句句呼喚傾瀉而至，強忍多日的淚水如溪流汩汩流淌，怎麼擦也擦不乾。

　　這首詩寫好後，我甚至不忍卒讀，每讀一次，就被這個打動了千萬人的母愛故事打動一回；每讀一次，我都難以自抑地淚流滿面。大災之後，發生了太多悲痛的故事，可是面對災難中的生離死別，每個人的痛點又是不一樣的，作為一群可愛孩

子的中文老師，作為兩個孩子的母親，那位媽媽在生命的最後時刻對孩子依依不捨的心情，我能夠深深體會。在演出的前一天彩排時，我用發自內心的飽滿激情朗誦著，于教授如泣如訴的洞簫和他夫人優雅的鋼琴作為背景音樂，效果令人震撼，很多人潸然淚下不能自己。

　　遺憾的是，正式演出的關鍵時刻，音響竟然出現了故障，在麥克風突然失靈的狀態下，面對台下的觀眾，迫使我扯著嗓子喊完了這首詩，即使如此，後面的觀眾還是聽不清。走下舞台，我的心情沮喪到了極點，似乎連日來悲傷的淚水都白流了，甚至一度懷疑有邪惡勢力從中搗鬼。值得欣慰的是，即使剛投入使用的中國文化中心的禮堂裏很悶熱，即使音響設施不配合，後來的節目中，演員們的熱情並未受損，大家仍然堅持著唱完最後一首歌，念完最後一句詩。演出中，那些專業的歌唱家們索性拋掉麥克風，高水準的清唱仍然博得觀眾陣陣掌聲。柏林華德中文學校的孩子們尤其令人動容，只見他們手捧寄託哀思的蠟燭，神情凝重地站在台上，卻久久等不到伴奏樂曲，在觀眾們掌聲擊打的節拍中完成了他們精心準備的「明天會更好」的演唱。

　　想到晚會中的演員們不約而同地聚集在這裏，向災區同胞表達發自內心的關懷和鼓勵，這時，展示歌喉與風采只是方式而並非目的，只要大家盡心盡力了，也就無憾了。最後一個節目中，我還和柏林婦女聯誼會的眾位姐妹一起，在歌唱家劉克清先生高歌一曲「我的中國心」時，擔當了為他腰鼓伴舞的任務。這振作人心的鼓點（按：「鼓點」指鑼鼓整齊有序的節

奏），驅散了連日來籠罩在心頭的抑鬱和悲傷，畢竟，生活，還要繼續，唯願離去的靈魂安息，願留下來的人更加珍惜生命；願我們災難中受到重創的同胞手足早日振作，重建家園；願我們的祖國崛起，加油！

附詩作：

孩子，媽媽永遠愛你！

孩子，媽媽愛你
外面那震耳的轟鳴，是驚雷嗎？
孩子，別怕，
媽媽的懷抱就是你的港灣，
是你溫暖的港灣。
不管這個世界發生了什麼
你只要知道，媽媽愛你。

睡吧，孩子，
縱使山在崩塌，地在陷落，
孩子別怕，
你只要知道媽媽愛你

望著你酣眠的臉龐
媽媽多麼希望能陪著你一天天長大呀
媽媽多麼希望能像所有的媽媽一樣
拉著寶寶溫軟的小手
陪你蹣跚學步，送你走進學堂呀

可是此刻，孩子
媽媽的願望只有一個
磚石，瓦礫，還有堅硬的房樑木板
你們都砸向我好了
媽媽的脊背
雖然柔弱
只要能替我的孩子抵擋災難
就足夠了

劇痛
迫使媽媽
向死神屈下了雙膝
可媽媽懷裏的寶寶
依然安睡著
孩子，別怕
媽媽的愛，就是你的港灣，
是你安全的港灣

孩子
如果你活下來，
一定你要知道
媽媽愛你
媽媽永遠愛你……

孩子，
當你醒來時
媽媽

已經變成了潔白的天使
在沒有山崩地裂的藍天白雲裏
守望著你
媽媽看到了
我的寶貝已經睜開了明淨的眼眸
還有你眼眸裏的叔叔阿姨
他們都是你的媽媽
他們和媽媽一樣
深深地愛著你，守護著你

後記：其實，這首詩的真正作者並不是我，而是那位用生命譜寫母愛之歌的媽媽。當災難突然降臨時，是這位年輕的母親雙膝跪地，匍匐著用最後的母愛為她繈褓裏的孩子營造一個相對安全的空間。年輕的媽媽永遠地離開了，可她身下的嬰兒卻毫髮未傷，被救出的時候，他還在母愛的牽掛中安睡著。在生命的最後時刻，這位母親用手機給她的寶寶留下一條遺言：孩子，如果你活下來，一定要記住，媽媽愛你！

黃雨欣 於二〇〇八年五月三十一日柏林義演後

輯三

生活雜感

撞「鬼」記

雖然這個題目乍看上去頗恐怖，可是，只要你耐著性子把文章讀完，也許就會贊同地說：這樣的「鬼怪」我也曾撞見過。

說起從小到大，我所經歷過「撞鬼」的事還真是不少，每次都被嚇得魂不附體，恨不得立刻就承認這個世界上確實有鬼魂存在，可真相大白之後又不免啞然失笑，正像小時候外婆常說的：「鬼嚇人，猶可避；人嚇人，嚇死人；自嚇人，丟掉魂。」

從我有記憶開始的第一次「撞鬼」，還是小得連話都說不明白的時候。那天晚上，外婆像往常一樣，一邊輕輕地拍著我一邊講著古老的故事哄我入睡。在我似睡非睡的時候，外婆就熄了燈，就在燈熄滅的一霎那，我看到一隻碩大的眼睛掛在我家的窗子上，正透過厚厚的窗簾直瞪瞪地盯著我看。我被嚇得「哇哇」地大哭起來，外婆忙開燈探問究竟，我指著窗子語無倫次地說：「大眼睛，好嚇人的大眼睛……」外婆仔細地檢查了窗子說：「小孩子做夢在說胡話呢，哪裏有什麼大眼睛，閉眼睡著就沒有了！」說著又把燈熄了，那只大眼睛開燈時看不到，燈一熄又出現了，我說不明白只好又大哭起來。那一夜，我家的電燈一直開到天亮。

第二天夜裏，相同的情形又出現了，只是這回那只可怕的大眼睛已經闔上了，像睡著了似地瞇成一條一尺多長的縫，

長長的睫毛都清晰可見。我哭鬧著說看見了窗子上有「閉眼睛」，不讓外婆熄燈，那一夜，我家又是一夜長明燈。後來，外婆用一個加厚的新窗簾換下了那個舊窗簾，擋住了那只奇怪大眼睛的注視，我才能夠安然入睡，漸漸地也就忘了這件令人匪夷所思的事。

外婆去世的時候我已經是大一學生了，在幫媽媽整理外婆的遺物時，我又看到了當年那個舊窗簾，那是外婆用雙層棉布親手縫製的。我發現窗簾內層有一條一尺多長的破口，已經被勤儉的外婆用細密的針腳縫補上了。這使我不禁又想起小時候見過的那只可怕的大眼睛，十幾年之後我才恍然大悟：所謂大眼睛不過是窗簾裏層撕破的口子，熄了燈，窗外的路燈投射到口子上，儼然一隻碩大的眼睛掛在窗上瞪視著我，第二天外婆把破口縫上了，那只眼睛當然也就瞇了起來，而那些清晰的睫毛，就是外婆縫在窗簾上的細密針腳……

醫生在治病救人的同時，隨時在和那些掙扎在死神邊緣的病患打交道，新鬼舊鬼司空見慣，這也正是這個職業的神聖所在。按理說，學醫的人更不應該怕鬼，可當年我當醫學生時卻害怕得連最基本的人體解剖課都上不成。那時，我最怕的就是解剖課，我怕看見那伏在白布單下的僵屍，怕看到他們被福馬林浸泡得齜牙咧嘴的猙獰面孔。每次解剖課我能逃就逃，逃不掉就遠遠地站在門邊，隨時準備開溜。平時還好矇混，可到了結業考試時，老師規定，每個人都要拿著手術刀鉗在死屍身上遊走，要求準確地報出屍體身上肌肉骨骼的名稱。為了給我們準備考試提供方便，解剖室破例向同學們開放一間，兩人一

組自己排時間去複習。為了考試過關，我也只好硬著頭皮排上了，並執意要和班裏塊頭最大的那個男生一組以壯兔膽。

那天，當我們按事先規定的時間到解剖室複習時，我因受不了福馬林的氣味，進去後就忙著打開窗子放氣，然後戰戰兢兢地聽憑那男生用鑷子在屍體身上指指點點，我只是畫圖記錄紙上談兵。終於該記的記得差不多了，下一組的同學還沒到，我提議提前退場，那男生把白布單子重新蓋在屍體上，我們就轉身去洗手。正洗著，忽然一股陰風吹過，立時冷颼颼的我就從頭麻到腳，慌亂中水淋淋的手都沒來得及擦，拽著大塊頭男生剛要逃離，說時遲那時快，只見一個大白影「呼」地一下猛然從解剖床上站起，以迅雷不及掩耳之勢向我們撲了過來……

我是被那大塊頭男生在人中上掐醒的，當時又來了另一組同學，人多膽子也就壯了些。醒來後發現，屍體仍然僵臥在解剖床上，窗子仍然大開著，蓋在屍體上的白布單被風吹到了牆角……然後明白，那根本就不是撞見什麼鬼了，而是窗外吹來的風把蓋在屍體上的白布單子掀了起來。

旅居希臘那年，在一個天空拋灑流星雨的美妙夜晚，我又經歷了一次「撞鬼」事件。關於那件事，我曾在一篇講述名叫「寶貝」的寡婦鄰居和麵包師偷情的故事裏描寫過：

入夏的一天，克里特電視台預報說，近期地中海上空將出現百年不遇的宇宙奇觀「流星雨」。入夜，我被燥熱的地中海風吹得難以入眠，索性搬把椅子到樓上的平台上去數星星。午夜過後，果然見一群群流星紛紛劃過朗朗夜空，我興奮地跑下樓，想叫醒酣睡中的丈夫，可剛跑到樓梯口，一個奇怪的現象

卻幾乎把我嚇暈過去，只見一個高大的白影從大門外快速飄進來，可怕的是這白影竟然無頭無腳。我強按住就要蹦出胸口的心，「啪」地開亮了走廊燈，再定神一看，不禁啞然失笑，原來是黑麵包師著一身合體的白西裝已疾步走到寶貝的門前，輕車熟路地推開了虛掩著的房門。剛才，顯然是他那非洲人特有的黑黑的臉膛和腳上的黑皮鞋與夜色融為一體，使我產生了幻覺。從此，我知道了寶貝為何不去麵包房卻每天有新鮮麵包吃的秘密。

無獨有偶，我在二○○四年八月末那天晚上撞見的「鬼」也是和希臘有關，不過這次撞見的「鬼」不似以往的單槍匹馬，而是鬧哄哄的群魔亂舞，鬧鬼的現場竟然是在盛大的雅典奧運會的閉幕式上。當歡樂的希臘人舉著用金黃稻穗圍成的奧運五環下場後，在全世界觀眾期待目光的注視下，一群露股袒臂的六指琴魔舞將上來，搔首弄姿擠眉弄眼地令人陣陣作嘔，緊接著一隊身著艷俗長袍、手舉豐都鬼城招魂幡的妖魔鬼怪哼哼呀呀地出現了，我強忍著渾身的雞皮疙瘩盯著電視機螢幕，盼望時間過得快些再快些，八分鐘顯然太久，終於一副大紅條幅「唰」地一下橫空出世：北京歡迎你！一時間嚇得我忘了置身何處，忘了這是在看第二十八屆奧運會閉幕式的現場轉播，恍惚中自己好像來到了陝西農村的廟會上，來到了跳大神的農家大院裏，我忙打電話向朋友們求助求證，他們說：「挺住不要怕，那不是鬧鬼，而是我們世界級的藝術大師張藝謀在向世界展示中國呢！」

原來如此，藝術大師果然名不虛傳，除了他老人家，誰

還會有此膽量和魄力，把至高無上的奧林匹克聖壇當作他們家土炕呢？除了他老人家，還有誰膽敢在一個悠久深邃的西方海洋文明面前身體力行地詆毀另一個古老璀璨的東方文明呢？我不禁又想起我那不識字的老外婆說過的話：「自嚇人，丟掉魂」，張大師用招魂幡似的紅燈籠外加踩高蹺的索命小鬼，還有蹩腳的武打、亂七八槽的京戲臉譜，驚嚇了自己也驚嚇了世界，在他自鳴得意的膚淺藝術中，丟掉的卻恰恰是我們自盤古開天以來徐徐展開的五千年文化的精髓，和如漢武雄風大唐盛世般的民族魂。

後記：這篇短文是2004年雅典奧運會閉幕時寫的，文中所表達的僅是當時的所觀所感。時隔四年，當我們的千年古都北京成了百年奧運東道主時，藝術大師張藝謀在開幕式上的華美絕倫氣貫長虹的大手筆震撼了整個世界，從此，張藝謀的名字再一次為人們所熟悉所讚嘆，北京奧運讓西方世界用驚嘆的眼光認識了一個正在崛起的中國，也讓他們重新審視張藝謀所代表的東方藝術。這回，我可以心悅誠服地說：大師不愧是大師，除了他老人家，誰會有如此魄力和膽識讓全世界四十億人在短短三兩個小時之內閱盡了中國五千年耀眼璀璨的文明史呢？

古詩名句之錯版

　　中國古代是盛產文學大師的年代，從遠古的經史子集到唐宋詩詞，從元朝的曲牌到明清的小說，都不乏百世流芳的經典之作。那個時代沒有電腦沒有磁碟光碟，甚至連紙張印刷術都是後期才發明的，質量又難以保證，但是這些都不影響文學大師們的作品流傳後世。

　　中國古代沒有標點符號，吟詩斷句似乎全憑感覺，每每讀到那些流光異彩的名言佳句時，就不免胡思亂想：為什麼非要這樣斷句呢？同樣的詞句，挪動幾個標點，也許別有一番意境。假如那時有明確的標點符號，似乎亂點一下也未嘗不可。例如唐朝杜牧那首膾炙人口的七言絕句《清明》，人們已經習慣讀成：

> 清明時節雨紛紛，
> 路上行人欲斷魂。
> 借問酒家何處有？
> 牧童遙指杏花村。

如果詞句不變，只改變一下標點的位置，就可將傳統的讀法變成：

> 清明時節雨，
> 紛紛路上行人，
> 借問酒家何處，

有牧童遙指：
杏花村！

如此，輕而易舉地將古詩變成了古詞，讀起來也挺琅琅上口的。

記得有一個傳說，講的也是這個道理：清朝大才子紀曉嵐奉命為乾隆皇帝題寫扇面，用的是唐朝王之渙的《涼州詞》：

黃河遠上白雲間，
一片孤城萬仞山。
羌笛何須怨楊柳，
春風不度玉門關。

哪知紀大才子一疏忽，竟丟掉一個「間」字，乾隆老爺子也是飽讀詩書之士，怎會看不出來？當乾隆生氣地要責罰紀曉嵐時，這位學貫古今的大才子靈機一動，忙託稱他此番題寫的是王之渙《涼州詞》的另一個版本──詞韻版：

黃河遠上，
白雲一片，
孤城萬仞山。
羌笛何須怨，
楊柳春風不度，
玉門關！

乾隆明知紀曉嵐是在狡辯，但還是非常欣賞他聰慧的新斷句法，也不再追究。實際上，這得歸功於古代沒有標點的行文方式給了後人想像的空間。

情惑

前幾日見到離婚兩年的虹，關切地問她近來感情上可有所屬？她說，目前有兩個男人對她緊追不捨，她自己也無所適從。

阿龍是與她交往一年多的男友，兩人可謂情投意合，阿龍曾多次向她求婚，雖然他們一直同居，可至今衣食住行等諸樣開銷還「AA制」，因虹身邊拖著個五歲的女兒，所以實際上她是負擔日常開銷的三分之二，虹因此懷疑阿龍對她愛的深度。

阿明是虹的前夫，雖早已離異可痴心不改，由於女兒的緣故，他們見面的機會很多。阿明對虹一再表示，只要虹一天不再嫁，他就等虹一天，直到虹和女兒回到他身邊。當年虹提出離婚時，阿明黯然淨身出戶，將兩人在德國共建的一切均留給了虹，還主動提出今後每月將收入的一半匯到虹的帳戶上，可阿明自己的處境並不妙，時時被失業的威脅困擾著。虹結識阿龍後，不願在經濟上過多牽扯阿明，曾婉言謝絕過他的資助，可阿明卻說：「這錢就算是父親對女兒的一點心意，只要我女兒能生活得舒心一些，我自己苦點不算什麼，而你是我女兒的母親和監護人，只有讓你的日子好過些，我女兒才會更好。」我聽了深受感動，力勸虹回到前夫身邊，有道是「一夜夫妻百日恩」，更何還有一個乖乖女同時牽著兩個人的心，可虹只是笑笑，不置可否。

　　一個月後，忽然傳來虹再婚的消息，新郎是虹前幾個星期才結識的托馬斯，比虹年長二十多歲的德國人，求婚時，他給虹一張燙印著虹的大名的Ｅ－Ｃ（歐洲聯用）信用卡，據說裏面至少有五位數……

詩經中的婚姻

相思：蒹葭蒼蒼，白露為霜，所謂依人，在水一方。

相識：關關雎鳩，在河之州，窈窕淑女，君子好逑。

初戀：風雨如晦，雞鳴不已，既見君子，雲胡不喜？

新婚：桃之夭夭，灼灼其華，之子於歸，宜其室家。

婚後：野有死麕，白茅包之，有女懷春，吉士誘之。

如今：生死契闊，與子相悅，執子之手，與子偕老。

中國詩歌沒落了嗎？

　　古往今來，文人墨客借詩抒懷、借詩言志，流傳下來無以計數的千古佳作，按理說，無論是從久遠的時間承傳，還是從文化空間的發展，「詩歌」這一文學表達方式走到今天，都應該走出一篇嶄新的天地與境界。然而，事實偏偏與願望背道相馳，愛詩的人和寫詩的人都不得不無奈地承認：中國的詩歌已經無可挽回地步入死胡同。也就是說，詩歌，這顆在中國文學史上曾經璀璨了幾千年的星辰，已經在現代文學史上不可避免地墜落了。

　　不甘也好，無奈也罷，中國詩歌就像大勢已去的顯赫家族一樣，沒落了就是沒落了。

　　首先，因為這個浮躁的時代不再需要詩歌，詩歌的存在已經喪失了它抒懷言志、針砭時弊的意義，當所謂的「詩人」不再關注社會的發展，而是抱著對身邊事物漠視、回避甚至恐懼憎恨的心態，那麼，他所寫出的「詩」要麼激憤，要麼矯情。顯然，一個與社會脫節的靈魂必然寫不出與他人產生共鳴的作品。如此一來，詩人一頭撞進了孤芳自賞顧影自憐的死胡同也就不足為奇了。

　　其次，平庸的「詩人」偏偏不承認自己的平庸，以為讀了唐詩就理解了唐詩的精髓，以為讀了泰戈爾就體味了泰戈爾的詩情，以為痛扁中華文化上下五千年就是激揚了文字……殊

不知，那樣不但突顯了他自己內心的平庸脆弱，更暴露了靈魂的淺薄。在博大精深的中華文化面前，我們每個人都渺小得如一粒塵埃，就算是李白、杜甫、陶淵明再世，相信他們也要對老祖宗留下的文化遺產頂禮膜拜的，更何況，那樣偉大的詩人，就像昂貴的夜明珠，歷史的長河大浪淘沙了幾千年才淘出了幾顆？

第三，詩歌需要飽滿的激情，好的詩歌光靠橫溢的才華不夠，光靠華美的詞藻不夠，而是激情的烈焰噴薄而出的，而我們所處的時代恰恰是一個充斥著濫情而獨獨缺乏火一樣激情的時代，誰能相信，這樣的時代所造就的情色氾濫的詩人能寫出激情滿懷的詩歌？當詩歌不能淨化心靈、提升境界，而淪落為語言的點綴時，它的價值也就不復存在了。更有甚者，有人將一堆廢話用分隔符號斷開就敢稱作現代詩，那樣的話，只要掌握了電腦最簡單的漢字輸入法、會使用回車鍵，豈不人人都可以成為現代詩人了？

總之，詩歌的沒落，歸根結底是時代文化的沒落而導致「詩人」的沒落。

樹連理，人合歡

　　那日，朋友問我：兩棵不相干的樹，因為靠得近，最後長成一體了，你知道這種樹嗎？我說：不但知道，我還親眼見過呢，遠的不說，我家門前那條林蔭路，路兩旁並排栽著我叫不出名字的樹，這種樹不像白楊直直地伸向天空，而是隨著歲月的增長，樹幹逐漸變粗，樹枝橫向蔓延，兩排樹隔著一條不寬也不窄的馬路，互相牽引著，久而久之，形成了一個狹長幽深樹洞，每到夏天來臨，那片悠長的蔽日濃蔭帶給行人的除了涼爽還有感悟，既是對大自然饋贈的感激，也是對植物傳遞情感方式的驚異，還有很多很多難以言說的觸動。我想，這也許就是傳說中「合歡樹」的雛形吧。每年春天，園林工人都要人為地把它們分開，如果不是這樣，這條路不就成了一棵棵對應的合歡樹相擁而成的林蔭路？那該多美呀！

　　連遙遙相對的兩棵樹都渴望與傾心的一方連理合歡，又何況心心相印的戀人？過去的年代裏，通信交通都不發達，離別的戀人只有遙望思念，就像這合歡樹，雖置身在不同的地方，心卻時時牽掛著對方。不同環境下長大的夫妻也是如此，他們本無血緣關係，卻長相廝守，是那種相濡以沫至親至愛的感情，久而久之也會讓他們不自覺地越來越像兄妹。追溯起來，最早的合歡樹也許就是梁祝化蝶之後各自墳墓上長出的那棵樹，後來兩棵樹越長越大，直到有一天，終於抱在一起成為一

體了。正應驗了那句古詩：「在天願做比翼鳥，在地願為連理枝。」朋友聽了卻大叫：這個傳說不好，淒涼。

在波羅地海的呂根島上渡假時，曾經驚異於海島的山路上那一眼望不到頭的綠蔭，那是由山路兩旁的一株株參天古樹相擁而成的，這些樹經過成百上千年的歷練，兩兩成雙地隔著山路枝葉相擁地合抱在一起，它們共同經歷著歲月滄桑共同抵擋著風霜雨雪，才形成了今天遮天蔽日的壯觀。開車走進那條長長的山路，就像行進中的火車一頭鑽進了山洞一樣，縱使外面艷陽高照，山路的濃蔭裏也是黑漆漆的一片，汽車行駛到這裏是必須開大燈的，否則就會看不見眼前的道路。據說，島上的每一棵古樹都已被國家有關部門標號記錄在案作為重點保護，

通常意義上的合歡樹根部都是分在兩處的，正因為根不在一起，所以渴望互相擁有，正因為渴望擁有，所以用枝蔓綠葉獨有的方式糾纏縈繞，難分難捨直到地老天荒。後人們早已分不清哪片綠蔭屬於你，哪片綠蔭屬於她，因為此時原本遙遙相望的兩棵樹已經互相滲透纏繞成一體，就像血濃於水的至愛親緣。也許是距離產生的美感和思念，人如此，樹

合歡樹下

也如是。在號稱「北德新天鵝堡」的什末林王宮的花園裏，也曾見過兩棵根部緊緊靠在一起的合歡樹，這兩棵參天古樹雖然樹根相依，枝幹卻南轅北轍地向著兩個不同的方向延伸開來，就像一對同床異夢的夫妻背道而馳。然而，令人欣慰的是，這兩棵樹在成長的過程中，各自用倔強的枝幹劃了一個不規則的半弧，最終在半空中還是擁抱成了一個獨特的合歡樹。看到這兩棵不同尋常的連理合歡樹，讓我不由得聯想到一對青梅竹馬的小夫妻，磕磕碰碰，吵吵鬧鬧，分分合合……最終還是白頭偕老了。

願天下遙遙相望的兩棵有情樹枝枝葉葉合歡在一處；願天下互相牽掛的兩個有情人心有靈犀一點通…………

戰地記者身負重傷有那麼好笑嗎？

　　某天偶然看到鳳凰台的訪談節目《魯豫有約》，除了驚異於魯豫那張多年不曾改變的容顏外，她對當期訪談對象採取的態度也很令我吃驚。輕鬆、自如外加半真半假的玩笑也許是鳳凰台一貫的主持風格，幾年前最初見識這種主持方式，相對於當時其他官方電視台呆滯死板千篇一律程序化的主持方式而言，的確有令人耳目一新的感覺，可是，久而久之，也產生了厭煩情緒，因為當初的幽默已經逐漸退化為貧嘴，不論什麼題材什麼內容的節目，都要逗笑一番才罷休，即使遇到一些很嚴肅的話題，也習慣成自然地嚴肅不起來了。

　　就拿這期的生死關頭的話題來說吧，第一位被採訪的對象是當年對越自衛反擊戰中身負重傷的戰地記者，當記者的戰友描述當時記者受傷後慘不忍睹的模樣時，他沉重地說道：當我在後方醫院見到他時，已經認不出來了，因為他的臉已經變形了……話還未說完，魯豫就帶著招牌似的微笑反問：變形是個什麼概念？聽到這句問話，我真不知道是誰的理解力有問題了，一個被炸彈炸得不省人事的人，臉變形了，這還用進一步解釋「變形」的概念嗎？而且魯豫那饒有興致的追問表情，似乎這位記者的傷勢是個很好笑很好玩的事情，如果說作為觀眾的我此時已經對這句問話這種微笑探尋的表情深感不舒服的話，那麼她緊接下來的另一句簡直就令人髮指了。當那位戰友

仍然很耐心很沉痛地回答道：變形就是根本不是以前的樣子了嘛……這時魯豫又帶著清脆的笑聲打斷道：「那是變漂亮了還是變醜了呀？」這句問話如果不是開玩笑，簡直就和弱智無疑了，如果是開玩笑，這是開玩笑的場合嗎？望著胸前掛滿軍工章神色嚴峻坐在一旁的老記者，欽佩之情油然而生，可是，鳳凰的王牌主持人魯豫此時卻用這等嬉笑的口吻和大家探討著生死邊緣的話題，那感覺實在是不對勁。

　　幾分鐘後，第二位死裏逃生的嘉賓被請了出來，這是一位研究蛇毒的專家，人稱「蛇博士」，他曾經有九次被毒蛇咬傷的經歷，蛇博士給大家著重介紹的是第八次那回在生死邊緣徘徊的過程，當時家人都以為他不行了，要轉院治療，可蛇博士卻堅持用自己研究的治蛇毒的藥醫治，當時他說：我想，反正也是個死，與其轉到別處去，不如試試自己的蛇藥，還能為後人的研究記錄一些第一手資料。聽到這裏，誰能不為蛇博士對科學的執著和獻身精神所震撼呢？可是，這時的魯豫卻又一次嘎嘎地笑著當面道：「你這是死馬當活馬醫了！」把蛇博士的悲壯驚險戲說成死馬活馬，難道這就是魯豫式的幽默？

男人的眼女人的臉

　　雖然世上的女人成千上萬，可歸根結底卻只有兩類，一類是美麗的女人，另一類是不美麗的女人。只是，美麗分很多種，不美麗也分很多種。

　　那麼，是什麼因素決定了女人的外貌呢？竊以為，答案只有一個，那就是男人眼睛的關注！作為男人，你也許還不知道這種關注給女人的外貌所帶來的巨大作用吧？被男人關注的女人，她的一舉手一投足都讓自己充滿了優雅，為的是把關注她的男人眼球牢牢拴住。女人為了讓關注她的男人不失望，不惜虐待自己的嬌軀貴體去節食減肥，更不惜把一張清清爽爽的臉面當作油畫布，哪怕是酷暑難耐也要裱上厚厚一層，如果不是為了吸引關注她的男人，哪個女人會有那麼大的忍耐力？至於不顧腰包購置靚衣美衫、耗費時間去健身房桑拿室折磨自己更是不在話下……，如此捨得血本折騰自己的女人，想不美麗都難！

　　名媛章小蕙曾在商場試衣間被狗仔隊偷拍到，且不說章名媛那嘰裏咕嚕亂轉的敗家三白眼挨過幾刀，那生育過的雙乳仍然堅挺不就是很可疑嗎？還有照片上清清楚楚所驚現的腋下沒有癒合完整的刀口，也在向世人訴說她作為美人所應該承受的非人自虐。成千上萬個隆胸失敗自毀嬌體的例子血淋淋地擺在那裏，為什麼還會有那麼多的女人仍然趨之若鶩？還不是因為

那些大男人喜歡女人的蜂腰豐乳！所謂「吳王愛細腰，宮中多餓死」就是這個道理。

聽說盛產人工美女的韓國，美容整形的醫術已經高超得能做到蝕骨接腿了，就是說能把顴骨下顎骨打磨出棱角來，使韓國傳統意義上的大餅子臉演變成棱角分明剔透玲瓏的時尚美人臉。亞洲女人不是小巧嗎？把腿骨敲斷，中間接出一截合成骨，石膏固定重新長好，就能使掉進人堆裏都難找的平庸女人出落成窈窕模特克勞迪亞・莘芙爾。真是「世人都說美人好，其中艱辛誰知曉」？

失去男人關注的女人，她的外貌很快就會從美麗的天堂逐漸跌進醜陋的深淵。因為沒有了男人的關注，她也就失去了自虐的精神支柱，她會放任身上的贅肉橫生肆長，哪怕鳥兒飛到頭上建巢絮窩了也懶得梳理，至於逛街購物化妝扮靚還哪有那份心情？連蘇格蘭的玫瑰戴安娜公主失寵後都得了暴食症，幽魂靚女王祖賢離開浪子齊秦關注的目光也成了腰身臃腫的肥婆一個。男人的目光既能把鄰家灰姑娘造就成嬌豔美女，也能把美人鍛磨成黃臉婆娘，真可謂「成也蕭何敗也何」。女人因男人而美麗，也因男人而醜陋，所以說，女人的美麗與醜陋之間，僅僅隔著一層男人的目光。

寶哥哥和林妹妹因何有緣無分？

讀過《紅樓夢》的都知道，林黛玉愛哭和賈寶玉有著密切的關係。因為她是她把今生的淚珠兒當作了前世的甘露，她本來就是為了償還上輩子神瑛侍者的甘露而來，所以她為寶玉哭乾了眼淚是情理之中的。

可是，既然他們前世有著如此深厚的情義，此生也該是一對有緣人了，可他們卻最終陰差陽錯沒有走到一起，豈不是違反了紅樓夢裏一貫主張的凡事蓋有因果之說？

其實，只要讀懂了《紅樓夢》的開篇部分，就不難理解林黛玉和賈寶玉的有緣無份的玄機了。因為，絳株仙子投生轉世成林黛玉之後，根本就沒機會見到真正的神瑛侍者，她報答的對象實際上是那塊贗品假寶玉（賈寶玉）——就是那塊當年女媧補天棄之不用的頑石，是他把神瑛侍者和絳株仙子的生死情義看在眼裏，修煉成仙後，竟化作神瑛侍者的模樣騙取林妹妹的眼淚，而真正的神瑛侍者所化身臻寶玉（真寶玉）卻全然不知絳株仙子的一片報答苦心，致使林妹妹直到淚盡也未遂心。林妹妹和寶哥哥心願不成有緣無份那是老天有眼，因為蒼天知道，是絳株仙子認錯人了。

世間女子皆美人

　　某日和一位昔日美人閑聊，聊著聊著竟然就「美女」一詞的含義爭論起來，因為，該美女姐姐的觀點本人實在難以苟同。她認為，女人擁有美麗的外貌具有決定一切的重要性，女人的成功與否說穿了就是看她的外貌美麗的程度，包括世界級的大牌明星大牌模特兒歌星等等，無論實力怎樣，首先要具備符合大眾審美標準的美麗容貌，其次才能考慮其他因素。美女趁著年輕把握了機遇，就是成功的，就是說，成功的女人首先必須是擁有美麗的外貌。更可笑的是，她竟然認為，外表美麗的女人自然就會擁有迷人的氣質，而沒有美麗容貌的的女人就是外表粗俗的。聽了她的話，雖然我也意識到了我們對美麗的理解大相逕庭，但還是忍不住地反駁道：「有些美女也太拿自己的外表當回事了吧？也許這就是她們抓不住機遇的原因，她們以為擁有了美麗就擁有了一切，又怎知僅有美麗是遠遠不夠的，單靠外表獲得的愛情，色衰則愛馳，只愛美女的男人還不如帖張年畫來得爽快，還可以常換常新呢！」

　　說到美女，我認為，這個世界上根本就不存在醜女，從某種意義上講，每個女子都是美人。美醜本來就沒有個統一的標準，美又有那麼多種類別，索菲亞・羅蘭嘴巴那麼大，七十歲時還是公認的美女呢，因為她美出了個性；世界名模呂燕皮膚又暗又黑，眼睛小嘴唇厚，五官還挪位，可在西方人眼裏，她

具有顛覆 T 台的另類美；鞏俐美在豐滿大氣，章子怡美在精怪輕盈；張曼玉美在氣質優雅，關之琳美在小家碧玉……林林總總，女人的美各有千秋，古代無鹽女以及孔明之妻黃阿醜雖然外表不敢恭維，可她們具有治國安邦之大才，在齊王和孔明的眼裏，她們的美後宮佳麗無人能敵。

少女美在青澀純潔，少婦美在十足風韻，女人就算是風燭殘年了，也具有一份閒適淡定的美，因為她臉上的每一道皺紋都明示了她曾經的美麗，不是有人說嗎？生命在於過程，過程美，一切美。所以，女人的一生都應該是美麗的！

擁有美麗外表的女人好比一只精美的瓷器（也有人願意把這類美女形容成花瓶），如果沒有實實在在的內涵，也只會被束之高閣，一旦被觀賞的主人冷落，只留下無盡的落寞和淒涼。外表美麗內心淺薄的女人，好比精美食具裏的白開水，經常被觀賞品嚐的人挖苦嘲笑，其虛張聲勢不倫不類，最終落下尷尬無奈的笑柄。還有一種美女，金玉其外敗絮其中，只能嘆息如此精美的餐盤卻用來盛裝隔夜餿飯，賭氣扔掉殘羹剩飯的同時，很容易遷怒食具，索性一併摔碎省心，要不怎麼說精美瓷器多易碎，紅顏美人多命薄呢？然而，說來說去，美女畢竟還是美女呀！

既有天使容貌，又有魔鬼身材，兼具大智大慧的女人，那是上帝的傑作，人間的珍寶，此乃作女人的最高境界，世間俗子凡夫縱可遇怎可求？

各花入各眼也好，情人眼裏出西施也罷，無外是說，女人，哪怕不是公認的美女，但在愛人的眼裏，也是唯一的西

施。就算是外表粗俗醜陋，也許在愛她的人看來也具有一種豪放灑脫的美麗呢。所以說女人不怕生得不美，就怕沒人來愛，被愛情的甘霖滋潤過的女人都是美麗的。

最慘的一種女人無外乎又不美麗又缺智慧還少人疼愛了，這也不能阻擋其成為美女，身為女人，即便無人欣賞，梳妝鏡總歸是有的吧？攬鏡自照，顧影自憐一番，對自戀的女人來說，無論她擁有怎樣的容顏，最起碼在她自己眼裏，她都是世上獨一無二的大美女。

最不堪忍受的是美人遲暮又心有不甘，整天把昔日的美麗掛在嘴邊「遙想當年春衫薄」，翻譯成魯迅的新白話文就是：「那時我真美，真的……」同樣一句話，對一千個人說一千遍，再對每個人念叨一千遍，媽媽咪呀，誰要是遇到此類美女，只有撞牆的份了。

正如開篇所言，世上女人皆美女。送上紅玫瑰祝願天下美女健康快樂！

花的心情，樹的語言
——中國文學作品中的「花語」淺析

　　一位從事漢語教學的朋友打來電話談到，她在和德國學生的交流中，遇到一個有趣的現象，就是德國人不但對身邊的花草樹木熟視無睹，而且基本上叫不出名字（玫瑰花當然除外）。而作為中國人的她對這些植物卻能一樣樣如數家珍，洋學生們奇怪問這位中文老師：「你是在哪裏學到這些知識的？」她的回答出乎意料：「在中國，喜愛文學的人，總能從不同時期的文學作品裏知道並記住它們，同時被記住的不只是它們的名稱，還有它們在該作品裏流露出來的情緒和隱喻的含義，我稱之為『花語』。」

　　「花語⋯⋯」我喃喃地重複著，不禁嘆道：「多貼切的稱呼啊！」在我們祖先留下的語言中，似乎有文字記載就有了「花語」，它用含蓄的方式貼切地表達了人們內心的情感。也正是由於人們愛把自己豐富的想像附在它們身上，這些植物才能以人格化的方式百世流芳。

　　「關關雎鳩，在河之洲。窈窕淑女，君子好逑。」誰都知道，這是中國最古老的愛情詩，雖然吟誦到此尚未有「花語」出現，然而在接下來就自然而然地流淌出「參差荇菜，左右流之。窈窕淑女，寤寐求之。參差荇菜，左右采之。窈窕淑女，琴瑟友之。參差荇菜，左右芼之。窈窕淑女，鐘鼓樂之。」的

詩句。「荇菜」是一種能吃的水草，詩人在這裏借參差不齊搖擺不定的水草來比喻心思捉摸不透的少女，繼而又借採摘水草的艱難繁瑣，來表達對這個美麗少女的渴望和追求。「荇菜」恐怕是我們有文字記載的最早的「花語」了。在《詩經》裏，諸如此類的「花語」真是俯拾皆是，信手拈來就有：「桃之夭夭，灼灼其華。之子於歸，宜其室家。」；「摽有梅，其實七兮。求我庶士，迨其吉兮。摽有梅，其實三兮。求我庶士，迨其今兮。摽有梅，頃筐墍之。求我庶士，迨其謂之。」前者通過讚美桃樹的繁茂和桃花的艷麗來形容新嫁娘的美好，預示著這個美麗的新娘將來一定會擁有這棵桃樹一樣繁茂充實的人生；而後者則借收穫梅子將一個待嫁女兒的焦慮心情展現得淋漓盡致。詩中說：這棵樹上的梅子呀還有七成，君子若要追求我呀不要錯過大好時光；這棵樹上的梅子呀還有三成，君子若要追求我呀就要趁著現在的好時光；這棵樹上的梅子呀已經熟得用筐裝，君子若要追求我呀我立刻和你去拜堂。無論是後來唐代的「勸君莫惜金縷衣，勸君惜取少年時；花開堪折直須折，莫待無花空折枝。」還是現代流行歌曲中的「太陽下山明天依舊爬上來，花兒謝了明年還是一樣的開，美麗小鳥一去無蹤影，我的青春小鳥一樣不回來。」都和這棵梅樹所要表達的心情有異曲同工之妙。

　　在中國浩如煙海的文學作品中，有些「花語」被歷代文人反覆吟誦，漸漸地形成了一種思維定式，譬如一提到梧桐、芭蕉，就讓人自然而然地聯想到細雨拍打到寬闊葉面的情景，那絲絲愁緒伴隨著滴滴雨聲一點點地漾上心頭。李清照的〈聲

聲慢〉傳神地寫道「梧桐更兼細雨，到黃昏，點點滴滴。這次第，怎一個愁字了得！」她在另一首〈添字採桑子〉的詞裏又借芭蕉表達自己悲抑寂聊的心情「窗前誰種芭蕉樹？陰滿中庭，陰滿中庭。葉葉心心，舒卷有餘情。」這裏，梧桐和芭蕉的闊葉，不但承載了細雨的滴落，更承載了作者數不盡的離情愁緒。正像詩人溫庭筠在〈更漏子〉中所吟：「梧桐樹，三更雨，不道離情正苦。一葉葉，一聲聲，空階滴到明。」元人小令也有云：「一聲梧葉一聲秋，一點芭蕉一點愁，三更歸夢三更後。」就連我們現在聽到輕快的廣東音樂「雨打芭蕉」時，那心情也是濕漉漉的難以言說。

「予獨愛蓮之出淤泥而不染，濯清漣而不妖，中通外直，不蔓不枝，香遠益清，亭亭靜植，可遠觀而不可褻玩焉。」這是北宋理學家周敦頤的《愛蓮說》裏的傳世佳句，由此確立了蓮花作為花之君子在人們心中至潔至純的地位。

和蓮花相反，艷麗的「桃花」卻作為多情又不專情的女子代名詞，被古人今人不停地明褒暗貶，有女人緣的男人被讚作「桃花運」，被女人套牢的男人又被損為「命犯桃花」。古詩中，桃花又往往和流水相和，好像有桃花的地方必有流水，落花順水漂流，漂到哪裏哪裏就是她情感的歸宿。就連陶淵明的〈桃花源記〉裏也記載著：一個打魚的晉朝武陵人，在一個清澈小溪的盡頭忽然發現了世外桃源，那裏「夾岸數百步，中無雜樹，芳草鮮美，落英繽紛」；後來張旭又有《桃花溪》一詩為憑：「隱隱飛橋隔野烟，石磯西畔問漁船。桃花盡日隨流水，洞在清溪何處邊。」不僅如此，就連桃花的近親紅杏也未

倖免，由於宋朝葉紹翁遊園詩中的一句：「春色滿園關不住，一枝紅杏出牆來」，而被打上了不安寂寞的美少婦的烙印，也許詩人自己都沒想到，一首好端端的誦咏盎然春意的詩作，竟然會以這種方式流傳後世。

　　我們說到桂花，就會想到月亮，繼而就會被不盡的思念情懷所縈繞。「中庭地白樹棲鴉，冷露無聲濕桂花。今夜月明人盡望，不知秋思落誰家！」王建在〈十五夜望月〉裏，展現了一幅仲秋時節映照在明月下的桂花樹的清冷景象，這裏不但有濃濃的秋思，更有嫦娥奔月、玉兔搗藥、吳剛折桂的美妙傳說。

　　當我們吟誦陶淵明「采菊東籬下，悠然見南山；山氣日夕佳，飛鳥相與還」的詩句時，不但見到了東籬下怒放的菊花和夕陽下投林的飛鳥，更重要的是體味了詩人與自然融為一體的超然心境。而讀過黃庭堅的〈幽蘭賦〉，誰會把這個「陽和布氣兮，動植齊光，惟幽蘭兮，偏含國香，吐秀喬林之下，盤根重草之旁，雖無人而鑒賞，且得地而含芳。」的蘭花僅僅當作一種植物呢？此時我們眼前浮現的儼然是一位超凡脫俗的美麗少女。

　　可以說，我們寄予不同的花草樹木以不同的希望與品格，蒼松翠柏讓我們體會到了生命的尊貴與高潔，春蘭秋菊使人聯想到性情的清幽與淡雅，牡丹富貴，梅花傲雪，翠竹青青，楊柳飄飄……當你面對這些耳熟能詳的植物時，它們所傳遞給你的信息一定不只是花花草草的本身。長久以來，我們借花抒情，把人類的喜怒哀樂分給身邊的花草樹木來承擔。所

以，在某些情境下，我們心中的花已非花，樹亦非樹，它們
是連接人類和自然界的紐帶，是我們宣洩情緒的載體，正像
那位朋友所說，這個時候，記住它們的名字就是記住了一種
情緒和一種含義。

巴士和機遇

　　秋日的午後，一對滿頭銀髮滿面皺紋的老夫婦相依相扶地走在和暖的陽光下，他們蹣跚著步履，背也駝得很厲害，雖然窄窄的自行車路都被占據了，可是他們每走一步卻是那麼坦然篤定。我騎著自行車逐漸接近了他們，不忍心按鈴驚擾這對老人，就只好慢慢地尾隨其後，好尋找機會超越過去。無意中，我聽到了他們的對話，才知道這對老人並不是出來隨意散步的，而是要趕公車去赴一個重要的約會。

　　眼看距汽車站就只有十幾米了，這時，他們要乘的巴士從後面開了過來，停在了前面不遠處的站台上。這種情況下，如果不是老人，趕緊走幾步一定能夠趕上，假如他們揚手和司機打個招呼，司機也會等他們一會兒的。可是他們還是不緊不慢地走著，我以為他們沒有看見擦身而過的巴士，正要提醒，只聽老夫人說：「本來已經提前出門了，可還是差了幾步。」老先生說：「那就乘下一輛，不用等多長時間的，我們已經走到這兒了，還怕沒有巴士坐嗎？」

　　有時，人生的機遇就像趕巴士，趕上了這趟還來不及喘口氣又得接著去趕下一輛，有誰能夠看著咫尺之遙的目標錯過了還能坦然處之呢？我想，這對老人之所以能如此氣定神閒地目送原本屬於他們的巴士漸行漸遠，是因為閱盡了人世滄桑的他們知道，屬於他們的巴士不止這一輛。人生的機遇也如此，辛辛苦苦卻沒能趕上的，如果再加一些耐心和毅力也許就會等到，付出的努力終究不會白費。

女兒的 F4，我的費翔

　　曾幾何時，台灣青春偶像劇《流星花園》，極盡造夢煽情之能事，令當時十二歲的女兒如醉如痴，從而成了劇中那號稱花樣男孩F4實則紈絝闊少的鐵桿追隨者。一碟F4的MTV光碟不厭其煩地反覆播放，一直到走音了，圖像也出現了馬賽克卻仍不罷手。委託在國內的小姨寄一張F4的大照片，郵寄途中被折了一下，竟然心疼得她淚眼汪汪，即使這樣，仍貼在她房間最醒目的位置供早晚瞻仰。據說在國內，這幾個台灣男孩子的多情眼眸不知電量了多少上到四十歲師奶下到十幾歲的女娃娃，可陪女兒觀賞看他們的光碟時，我竟然大半天沒分出男女來，更別提誰是誰了。

　　女兒整日幻想著F4之一的仔仔有朝一日能來到柏林，和仔仔合照已成了目前她最大的願望。因不忍心看到女兒整日痴痴迷迷的可憐樣，就和朋友一起用電腦為她合成了一張照片，通過現代科技技術圓了她一個青春偶像夢。拿到照片的女兒甭提有多高興了，不但把它小心翼翼地鑲在鏡框裏，還公然在照片上寫出了她的夢想：「在一個繁星滿天的夜晚，親愛的仔仔來到了我的夢鄉，我們手牽著手漫步在鋪滿楓葉的小路上，真希望這條美麗的小徑永遠沒有盡頭，真希望這個美麗的夢境永遠不會醒來～～」

　　這天，女兒不知在哪裏又弄到一首F4的新歌，只聽翻來覆去就那麼幾句：「勇敢追，這是最好的機會，感覺像灌一口冒

著泡的快樂；向前飛無法複製的體會，唯有你解我的渴；你的吻是生命裏最甜美的配方……」我哭笑不得，這哪裏是什麼流行歌曲，分明是汽水廣告嘛。果然，歌的結尾，我聽到一句耳語般的呢喃：「百事可樂，天天快樂！」如此一個平常廣告，經偶像男孩F4一番多情演繹，必定如流行歌曲流行感冒一樣迅速蔓延。

　　先不妄斷他們唱的那些拿人錢財又替人淘金的廣告歌詞，說實話，那首款款深情的主打歌曲「流星雨」，聽起來也確實有幾分催人淚下的感動：「陪你去看流星雨落在這地球上，讓你的淚流在我肩膀，讓你相信我的愛只為你勇敢，你會感覺幸福的所在……」可再看他們那茫然扮酷的表情、那歪著腦瓜伸出雙手不知向誰祈求又祈求什麼的嗲樣，還有那遮住半張臉孔的飄飄長髮，還有那提又提不上去掉又掉不下來的大褲襠……怎麼看怎麼沒個男人樣。女兒聽了我的評價，一臉的不以為然：「我的偶像你當然不會喜歡，不過沒關係，反正你喜歡的那個混血大老頭兒我同樣也不喜歡！」

　　那被她稱作「混血大老頭」的就是就是當年我唯一欣賞的歌壇王子——費翔。被我欣賞了二十年的費翔在女兒眼中竟是如此尊容，這是我萬沒想到的。莫非費翔真的過時了？莫非屬於我們的那個時代真的一去不返了？

　　我不甘心，忙從箱底翻找出一盤費翔的舊錄音帶，許多年過去，這盤翻錄的歌帶聲音早已含混不清，這期間我國內國外地不知搬了多少次家，許多東西早已經不知去向，可是這盤錄音帶我卻一直收藏著。對我來說，那上面所記載的不僅僅是我

當年的青春偶像費翔的歌聲，更是我那不知何時遺落在何方的青春歲月。更何，這盤錄音帶本身就經歷不凡。

那還是十年前我攜女隨夫在地中海的克里特島漂流時，每日每夜，我的鄉愁都會隨著地中海的潮水起起落落，在這不中不西難辨方位的陌生海島上，那時，我多想再聽一回費翔的歌聲啊，尤其是那首魂牽夢縈的「故鄉的雲」。我寫信給小妹，讓她給我寄一捲費翔的錄音帶來以慰鄉愁。可是那時希臘和中國郵路剛通，郵政飛機兩星期一班，主要運載信件，遞送郵箱的郵政客船則需要三個月的時間。因擔心三個月的等待對我來說過於漫長，聰明的小妹竟想出一個絕妙的辦法，把我喜歡的費翔歌曲從幾捲錄音帶裏挑選出來，集中錄製在一捲錄音帶裏，再把帶芯抽出來，一圈圈小心翼翼地纏繞在一張明信片上，兩頭用膠帶紙固定住，然後裝進信封，以信件的方式寄給萬里之外的我。我在兩個星期的苦苦等待之後，終於收到了小妹以這種特殊方式郵寄的錄音帶，當下心有靈犀，馬上找出另一捲錄音帶，三下兩下扯出內芯，然後借助鉛筆桿把明信片上的帶子一點點收進去。雖然是一卸一裝，但我和小妹對費翔那份近乎虔誠的悉心痴迷卻是相同的。

不知過了多長時間，錄音帶總算改裝完畢，忙迫不及待地放進答錄機裏去試，我屏氣凝神地側耳聆聽，一陣轉帶的沙沙聲過後，傾瀉而出的果然是那叩擊心扉的熟悉旋律，緊接著飛出費翔渾厚深情的歌聲：「天邊飄過故鄉的雲，它在不停地向我召喚，當天邊的微風輕輕吹起，吹來故鄉泥土的芬芳，歸來吧，歸來喲，浪跡天涯的游子，歸來吧，歸來喲，別再四處漂泊……」歌聲一咏三嘆，直奔我心。這思鄉遊子的歌聲，牽

著我的心緒跟隨費翔一起飛過藍藍的地中海、飛過莽莽的蒙古高原、飛過嚴寒的西伯利亞戈壁沙灘……飛呀飛，終於棲息在長城腳下，故鄉的和暖陽光輕撫著遊子蒼涼的臉頰和疲憊的心，遊子的眼淚滾滾而落……當歌聲唱到：「我曾經豪情萬丈，歸來卻是空空的行囊，那故鄉的風，那故鄉的雲，為我抹去傷痕──」我已淚流滿面不能自己。

　　接下來就是那首聲名遠播的「一把火」，想當年，帥氣逼人的費翔一襲白褲紅衣，手持麥克風奔放不羈地載歌載舞，把那「冬天裏的一把火」種從舞台上播進每一個中國人的心裏，無論走到哪條街巷，都會不時地有「一把火」「一把火」的聲音迴盪在人們的耳畔，直到大興安嶺的一場大火真的熊熊燃燒起來，人們竟然將責任歸咎到費翔熱情如火的歌聲上，直嚇得後來費翔演出時經常權以「淅瀝瀝的小雨」來救場。

　　記得那年有一台大型電視晚會提前報料，說費翔屆時將和一美麗女子連袂出演新歌「溜溜的她」。一石激起千層浪，幾乎打翻了所有費翔迷的醋罈子，大家忿忿不平地猜測：誰？誰？這個自不量力的女人究竟是誰？因為在歌迷的心中，費翔實在是太完美了，完美到沒有一個女人配與他同台演出。節目播出時，大家都充滿好奇又惴惴不安地等待費翔偕同那個神秘女郎出場。「你不曾見過我，我未曾見過你，年輕的朋友一見面呀，比什麼都快樂，溜溜的她喲，溜溜的我喲，心兒一個嘿嘿嘿，心兒一個嘿嘿嘿……」隨著費翔歡快而又充滿活力的歌聲，一個裙倨飄飄的小木偶翩然舞出，那稚拙可鞠的憨態使螢幕前的觀眾發出了會心的笑聲，彷彿在說：這就對了！費翔，不能專屬於某個人，因為他是大家的費翔！

「我問過海上的雲，也問過天邊晚霞，何處是大海的邊緣，哪裏是天之涯；我盼望楓葉再紅，更等著初開的花，多少次風裏雨裏，總還是惦記著她……」這首歌是當年費翔倚在海南島蘇東坡所題寫那塊「天涯海角」的巨石上所唱的，天涯的海風吹動著費翔那頭蓬鬆的黑髮，「既然曾許下了諾言，沒實現怎能就作罷？愛要珍惜，愛更要執著，才知道是真是假……」唱到動情處，他就會陶醉地長閉一下那雙被長睫毛覆蓋的深深眼眸，「寄語浮雲晚霞，告訴她心裏的話，縱然是海角天涯，我永遠等待著她……」唱到這裏，隨著旋律的節拍，他的頭在輕輕擺動。這些表情雖不是費翔的專利，可我從沒見過哪個歌手能把這一「長閉眼輕搖頭」的陶醉展現得如費翔一樣優雅自然。從此，除了費翔，我竟然見不得別人在唱歌時做這個動作，無論是誰，似乎都有東施效顰之嫌。

歲月催人，雖不承認自己漸老，卻能明顯感到身邊的女兒在一天天長大，如今我的他鄉已成了女兒的故鄉，F4的歌聲竟然是生長在海外的女兒唯一心甘情願接受的母語。在華語的流行歌壇上，亂哄哄你方唱罷我登場，縱使大浪淘沙淘盡千古英雄，可在我心深處，費翔依然是當年那一襲白褲紅衣活力四射的美王子，那記憶中的獵獵青春，依然如荼如火，費翔的歌聲依然高亢深遠，雲天響徹。費翔和他的歌聲，是連結我青春歲月的重要一環，他們雖然已是「昨夜星辰」，同樣也是我心中永恆的星辰，不會墜落在記憶的銀河中，無論時代如何變遷，那份留戀都如費翔所高歌：「常憶著那份情，那份愛，昨夜星辰今夜星辰，依然閃爍……」

烏雞變鳳凰的極品表妹

　　一次回國的飛機上，我的鄰座是一個開朗健談的陽光大男孩兒，為了排解長途飛行的寂寞，一路上，他向我講起他和他表妹之間啼笑皆非的故事，他的故事，也代表了八十後這一代人之間的另類親情。

　　「我表妹，絕不攙假是謫親的表妹。親到什麼程度呢？這麼說吧，如果我是賈寶玉，她就是林黛玉，雖然我們不是一個姓，可我爸和她媽卻是同一對爹娘生的，我的爺爺奶奶也就是表妹的外公外婆，他們至今還在農村老家呢，表妹直到上大學之前，一直與他們生活在一起。

　　「說我表妹壞話之前，有必要把我們的家庭背景交代一番：我爸，也就是我表妹的大舅，從小生長在農村，雖然家境不好，但勤奮好學，一舉高考中第，上了全國重點大學，後來又讀研讀博，求學路上有貴人相助可謂一帆風順。這個貴人就是我媽，我外公外婆都是很有名氣的教授。外公又是我爸的恩師，當年他們一家都喜歡這個勤奮樸實的農村孩子，就把寶貝女兒嫁給了他。我爸在德國做過博士後，回國後也當上了教授。而我的姑媽也就是表妹的親媽我爸的親妹子，卻幾番考學失利，只能在鄉里的小學當老師，後來就和一位學校裏的同事結婚了，生下了只比我小兩個月的表妹。

　　「說實話，在表妹上大學之前，我幾乎對她沒什麼印象，只聽說她人雖黑瘦卻也聰明。高考時，她果然不負眾望，以優

異成績考上了我爸任教的名牌大學，誰都清楚，她考到這所大學，最主要的還是覺得我家照顧她方便。剛進城時，她以人生地不熟，什麼都不方便為由，幾乎不回學校住，天天賴在我家裏，霸占我的房間，害得我只能睡客廳裏的沙發。和她生活在一個屋檐下，我才發現，我這個農村來的表妹，除了長相又黑又土，身上竟然沒有一絲鄉下人的樸實厚道，在我家裏，都是我媽把飯燒好端到她面前的。吃完飯，我一個男孩子收拾殘局洗碗，她竟然視而不見。有一回，我實在忍無可忍，就質問她，你在自己家裏這樣衣來伸手飯來張口的，大人們不說你嗎？她竟然大言不慚地說：『我學習成績這麼好，他們有什麼好說的！』看來，這個小土妞子真是被我爺爺奶奶姑媽們給慣壞了。

「她從農村跑到我家裏當起了千金小姐，這種幸福日子一直持續到一個學期以後，她才答應像其他外地學生一樣，搬回學校住，但是周末還會跑回我家裏好吃懶做，爸媽念她遠離父母又是女孩子，對她那些在我看來十分可恨的行為，並不說什麼。我爸更搞笑，每當我甩臉色給表妹時，他總是護著她說：『她比你小嘛，等長大了就好了。』我呸！不過比我小兩個月，也敢在我面前裝嫩？我女朋友比我小兩歲呢，人又苗條又美麗，也沒像她那副德行呀？

「有一回周末，吃過晚飯已經很晚了，爸媽讓我送表妹回學校，可她找各種藉口，說出很多理由讓媽媽開她的紅色敞篷車送她，如果我送，就只能坐公車了。我非常清楚她的用意，她就是為了在同學面前炫耀，滿足自己那日益膨脹的虛榮心。

媽媽開車回來時，氣哼哼地叫我去把車清洗乾淨，我下樓一看，差點沒噁心暈過去，原來，表妹暈車還死要面子，把車裏吐得一塌糊塗。到學校後，老媽本來讓她自己清洗，可她竟然說怕同學看到她落話柄，下車後還故作高貴公主狀昂首挺胸地走進宿舍。

　　「我外公外婆不和我們住在一起，他們年事已高，家裏雖然請了一位農村來的秀姨照顧他們，我們還是要經常過去關照一下的。那次，就在我去探望外公外婆的半路上，遇到了正往我家來的表妹，她執意要和我一起去看他們，我也沒多想，就帶她過去了。外公外婆愛才惜才，他們一個勁地誇獎表妹要強聰明，雖然生長在農村，卻有那麼好的成績，一定是個有志氣有出息的女孩子。臨走，老倆口還熱情地邀請表妹常來玩，還說什麼『我們是你表哥的外公外婆，也是你的外公外婆呀！』表妹聽了這話，喜出望外地回答：『外公外婆放心吧，那我就不客氣了！』

　　「從那以後，表妹有一陣子沒來我家了，我暗自慶幸自己給的惡臉終於起了作用，她肯定知道自己是個不受歡迎的人，女孩子只要有自知之明就還有救。哪承想，她沒來我家的這些日子，竟然跑去我年邁的外公外婆那裏騷擾他們去了。

　　「有一回我去探望外公外婆時，見表妹也在，這倒沒有什麼，可恨的是，她竟像個女主人一樣對秀姨頤指氣使的，讓秀姨替她放洗澡水，還把自己的一大包髒衣服拿來讓秀姨洗。真把這裏當她自己家了，這也太拿自己不當外人了吧？秀姨雖然是農村來城裏打工的，可她心眼好人又厚道，尤其是對外公

外婆照顧得很精心，我們一家都很尊重她。我和我媽每次來，都儘量幫她多幹一些家務，從來沒給她增加過額外的工作量，可表妹這個土妞，她有什麼資格來指使秀姨？當時，秀姨也很不滿地對表妹說：『我是來照顧教授夫婦的，沒人關照過讓我伺候小丫頭！』如果是我，聽了秀姨的話都恨不得有個地縫鑽進去，可表妹竟然一臉不屑地對秀姨說：『你們農村人就是這樣不好，斤斤計較！』我和秀姨都愣了，如果說已經來城裏工作了很多年的秀姨在表妹眼裏仍是農村人，那麼她自己又算什麼？她才進城幾天呀，竟敢口出狂言公然瞧不起農村人了，當時我被她氣的，若不是怕二老生氣，肯定一腳把她踢出去了。

「後來發生的一件事更讓人啼笑皆非。

「醜模臭樣的表妹竟然有男朋友了，她領男孩子來過我家，竟然一表人才。當時我就想，要麼是工科院校女生少，男生看豬都是雙眼皮，要麼就是表妹耍了什麼見不得陽光的手段，這兩樣都不是，那就只有一條好解釋：男孩子患有嚴重的青光眼！

「某個周末，表妹竟然大搖大擺地把她男朋友帶到了我外公外婆家裏，當時我正好在那裏，她全然不顧我的厭煩臉色，大言不慚地向那男孩子介紹說：『這就是我的外公外婆，咱們學校的老前輩了。』男孩子忙畢恭畢敬地說：『教授好，夫人好，我常聽我的女朋友提起你們……』我實在聽不下去了，我沒想到這個小黑丫頭心眼這麼蹊蹺，我親愛的外公外婆竟然也被她拉來作為她在男朋友面前炫耀的資本。言談中，我還知道，我在德國的舅舅也成了她的舅舅，那時我舅舅正在為我辦

理到德國留學的事，似乎我的未來也順理成章地成了他們的未來。如果說，我和她有血緣關係，我外公外婆甚至我舅舅可是與她毫不搭界的呀！我這時似乎明白了那個男的為什麼如此巴結眼前這個醜小鴨了，她肯定向他渲染了什麼吹噓了什麼。

　　「後來我來到了德國，表妹對我一反常態地熱情，三天兩頭騷擾我的信箱，無外乎想透過我認識舅舅，等他們畢業後，讓舅舅幫她和她的男友辦到德國來留學。怕怕呀，她一個四體不勤的大『小姐』，來了之後要我養活不成？因此，我一個字都懶得回。

　　「今年暑假回家，在爸媽為我接風的家宴上，表妹和她男朋友都來湊熱鬧，我女朋友工作很好捨不得放棄，就一直在國內沒和我一起出國，她聽我介紹德國蔬菜種類少，尤其是豆苗，市場上根本見不到，她知道我平時最愛吃豆苗了，那天特意親手燒了道我最喜歡的蒜茸豆苗。吃飯時，女友專門把這道菜放到我面前，我在桌下緊緊地握著女友的小手正百感交集呢，當時人多，只好用溫柔的眼神對她說：親愛的，還是你惦記我呀！等我回過神來再看豆苗，竟然全部被我那沒有吃相的表妹一掃光了，當時女友坐我旁邊，表妹和她男友坐我對面，偌大的餐桌上那麼多的美味佳餚她不吃，為什麼偏偏隔著桌子搶我女友親手為我做的菜？要麼是成心和我過不去，要麼就是真的缺心眼（依她的心計不像呀！）雖然氣的發暈，合家團聚的時候也不好為了幾根豆苗和她翻臉，忍了吧！

　　「想想自己真是命苦，人家賈寶玉下了學堂一進屋，看見『天上掉下個林妹妹，似一朵紅雲剛出岫』，可我這個表妹

呢？醜女多怪不說，還繞不開躲不掉，如果傻乎乎的憨態可掬倒也罷了，卻一肚子鬼心眼算計人。唉，常言道：姑舅親，姑舅親，打斷骨頭連著筋，為了不讓老爸為難，自認倒楣吧。

「極品表妹的故事先講到這裏，講出來也就不那麼鬱悶了，我相信這肯定不是表妹的終結篇，她以後說不定還會出什麼令人無可奈何的事呢。」

後記：這個故事雖然發生在一對八十年代出生的表兄妹之間，卻暴露了那個特殊年代降生的特殊群體的特殊性格，因為他們大多都是獨生子女，在成長的過程中，承載了過多的上一代人或幾代人的關愛和期望。進入青年期後，他們就形成了獨立、自我、難以與人溝通和相處的個性。相信在他們這一代人在步入社會這個大家庭後，會逐漸適應和學會怎樣去關愛他人，回報社會。

我在我快樂

——讀文友朴康平《我的夢》有感

　　那個夏天就聽說朴康平文友病了，一直想打電話問候，幾次拿起話筒又都放下了。因為總覺得自己不是個會安慰別人的人，如果電話裏起不到真正的安慰作用只作些泛泛的表面文章，對病中人無疑就是一種負擔和騷擾。從那以後，每期導報到手，我總是第一個尋找朴康平的文章，希望能從他的字裏行間瞭解到他的近況。相信很多關心他的文友和我一樣，也是通過導報這個管道默默地關注並祝福著他。令人欣慰的是，以後幾期的導報上都有他親手寫的短文，有康復的過程，有躺在病床上對人生的感悟，看到那一篇篇依然文采飛揚思緒飄逸的文字，知道他恢復得越來越好，真是由衷地為他高興。

　　讀了他最新發表的短文〈我的夢〉，更是感觸良多，生性自由奔放、酷愛天下美景、既擁有「過去的輝煌」又擁有「今天的夢想」的康平，如今的夢境簡單平凡得那麼實在，他的夢境濾盡了他所經歷的大漠孤烟長河落日，留下的竟然是再尋常不過的「身軀的輕盈和靈便」、「在小路上的追趕」和「騎著自行車在路中央飛奔」以及「在樓梯上上下跳躍」。讀到這裏，我不禁想，別看他的夢平實無華，可恰恰是這個「如同生活本身的現實主義夢境」的主人，在生活中是歷盡了怎樣的大徹大悟呀！

聯想自己多年來，總是憑著一腔熱情和盎然興趣做一些自己想做又能做的事情，包括寫作、編雜誌、當文化記者、辦中文學校，甚至義務為僑團做宣傳報導……，付出了那麼多的真誠卻得到某些人的恣意曲解，甚至在公開場合不負責任地冷嘲熱諷造謠中傷，尤其是最近，時常被一些莫名其妙的蜚短流長所困擾。而自己當初做這些事情的初衷僅僅是興之所至，抒發自己的所思所感，陶冶、充實自己的同時也希望能給他人一些小小的啟示，但求無愧於心。在遇到那些不公正的待遇時，也曾氣憤難當，也曾想過逃避退縮。恰在此時，康平兄的夢境使我不平的心境得以釋懷了，他的夢境無意中為我們明示了平凡生活的真諦，越是簡單的往往越是彌足珍貴。而自己平日裏常常為臉上多添一道歲月痕跡而不安，為身上增加幾兩贅肉而自責，為旁不相干之人的流言而氣憤……其實，這些無聊瑣事固然令人懊惱，但和踏踏實實的生活相比又算得了什麼！笛卡爾說過「我思故我在」，不管這句話有多麼深刻的哲學含義，如今我都把它理解成簡單的一句：我在我快樂！

謝謝康平兄平凡的夢境，遙祝康平健康快樂、好夢得圓！

享受生活，此時此地

　　平時，我們常聽人感慨某些名人雅士真會享受生活，遍遊世界名勝、嚐盡各地佳餚，居豪宅、著華衣、開名車……

　　我說，這些都不足以羨慕，也許我不如你富有，也許我不如他成功，也許我在別人眼中很平凡……但是，所有這一切都不會影響我享受生活的平和心境。

　　同樣是旅遊，你可以一擲千金乘坐波音豪華艙，然後入住在星級酒店裏，品著美酒臨海觀潮……你也可以約上三五同道者，購買經濟合算的團體火車票，一路歌聲一路笑，抵達後，支起帳篷燃起篝火，大家一邊痛飲，一邊凝望天上璀璨的星群，哼唱著古老的歌謠……

　　同樣是健身，你可以出手闊綽地到設備最完善的健身中心，聘請健身教練為你量身定制健身計劃，特邀營養師為你調製美體套餐，然後薰香浴、按摩房……你也可以穿上輕便跑鞋，迎著晨風披著朝露，或在綠蔭下或在樹林間或在小路旁伸展矯健的身姿跳躍奔跑……

　　運動可以讓我們享受生命的熱烈，音樂可以讓我們享受旋律的美妙。職場打拚的人毋需抱怨忙碌，縱使為了專案簽約，熬夜加班，忙得連喝杯咖啡的時間都沒有，仍可享受自我價值得以實現的成功喜悅。賦閑在家的人不必抱怨寂寞，縱使整整一天郵差沒來敲門，電話鈴聲也未曾響起，泡杯淡茶、捧本閑

書，或倚或坐、或躺或臥地品味另一種人生，也能享受到別樣的恬淡和安寧。

眾星捧月前呼後擁是明星大腕們虛榮滿足的享受，獨來獨往對月小酌是了無牽掛的人灑脫自由的享受；生猛海鮮、珍饈美味是權貴富豪們酒席宴上推杯把盞中脾胃滿足的享受，青菜蘿蔔、粗茶淡飯是節儉的布衣百姓果腹的同時無意中保證了體魄健康的享受。動蕩時享受大浪淘沙的壯闊，安逸時享受和風細雨的柔美；流浪者享受的是海闊天空，金絲鳥享受的是衣食無慮；戀愛時濃情蜜意海誓山盟是享受，失戀後的萬般不捨和點滴回味也未嘗不是一種享受；闔家歡聚時享受天倫之樂的溫馨，分別兩地時享受縷縷思念的祝福；即便是臥倒在病榻上茶飯不思，也是享受親人關照、朋友關懷的時候……

所以，無論你的處境如何，只要你肯悉心關注自己就不難發現，享受生活的機會人人平等，享受生活的樂趣無處不在。體味豪華與安逸是享受生活，追求古樸與純真同樣是享受生活。

享受生活，隨時隨機；享受生活，此時此地。

也曾寂寞

此刻，夜已深、家人已入夢，我在孤燈之下寫下「寂寞」這兩個字的時候，我就是寂寞的。

過去，每當寂寞襲來時，我通常展開信箋，向遠方的親人朋友述說，然後就是漫長的等待，等待他們在回信裏的安慰。隨著科技的飛速發展，網路已經滲透到世界的每一個角落，如今人們再也不必苦苦地等待遠方的消息和安慰了，只需滑鼠一點，瞬間就可得到對方的回應。可是可是，這種速成的資訊傳遞快則快矣，沒經過思念煎熬的感情總覺得少了什麼重要的東西。

一位遭受失戀打擊的文友向我傾訴了她對寂寞理解，她說：曾經在一個對她來說很重要的日子裏獨坐桌前，苦苦等待一個違約失信的人，窗外每一陣腳步和每一聲汽車的引擎都會讓她翹首觀望。當掛鐘的時針毫不留情地指向午夜十二點時，她看到落地窗裏映著精心準備的滿桌酒菜和一個寂寞無主的自己，那一刻，她暗下決心，既然那個人今夜不會出現了，索性就讓這個使她寂寞的人在她的生活裏永遠消失！於是她關掉手機，拔斷了電話線，不給失信人絲毫解釋的機會，因為過了今夜，任何解釋都毫無意義，又何必讓自己的耳朵無謂地遭受謊言的侵擾呢？那夜，她一個人自斟自飲，沒多久，桌上的六個啤酒瓶就空了，她以為自己會爛醉如泥，那樣的話，一覺睡到天明，面對嶄新的朝陽嶄新的一天，還會如此寂寞嗎？然而，

事與願違,六瓶啤酒在她的肚子裏翻江蹈海,直把她折騰得死去活來氣息奄奄,可頭腦依然清醒,只感到自己被如洪水般的寂寞淹沒了,窒息得透不出一口氣來……從那以後,她暗暗給自己立了兩條戒律:一個人時不飲酒;寂寞憂愁的時候不飲酒。

第二天,她就背起行囊遠遊四方,沿途和煦的暖風、碧綠草地和草地上悠然自得的大奶牛,還有漫山遍野的蒲公英的小傘……這一切都沖淡了心中的寂寞,令人感到世界真大,寂寞真渺小,能扔得下的感情就不再是愛情。半個月後,她帶著一身陽光滿心朝氣回到曾經寂寞的小屋,過去的一切如風過耳。

這位朋友雖然年輕,可她面對寂寞的灑脫豁達卻對我頗有啟發。如今,寂寞的日子,有時我也會懷揣著幾個歐元(沒有背包絕對的輕裝上陣),登上自行車,穿梭於大街小巷,充分呼吸著歐洲的清新空氣。累了,就到咖啡吧裏歇一歇,身上的不多的銀子足夠打發一杯咖啡或一杯啤酒或者一杯檸檬茶的了。寂寞的夜晚,我願意打開電腦,在螢幕上信筆塗鴉,有時塗過了也許就永遠沉睡在電腦的某一文件夾裏,有時也會拿到報刊或網站上吹吹風曬曬太陽。

曾經很怕寂寞,就在寂寞的時候瘋狂地煲電話粥或想方設法往人堆兒裏鑽,結果卻往往是曲終人散之後,內心的空虛並未填滿,寂寞的心更加寂寞。從此,我學會了享受寂寞,與其寂寞時對著一群話不投機的人不知所云,不如在寂寞的時候,和自己的內心對話,因為也只有在寂寞的時候,我們才有撫慰自己內心的機會,在這個世界上,有誰會比自己更瞭解自己的寂寞呢?

歐洲為什麼留不下你？

　　前一陣子，有一種論調在互聯網上流傳很廣，既生活在海外的中國人大都不滋潤不如意，有人甚至斷言「很多中國人在歐洲都生活在底層」，在著文對中國和歐洲的生活方式和質量進行對比時，也是一葉障目、以偏概全，之所以認為中國人在歐洲生活慘淡是因為他所認識的同胞「在國內沒有任何關係，也對國內現在的情況十分陌生，在國外也沒有做到管理層。」也就是「見到能進入西方主流社會的中國人幾乎沒有。」而且「留下來的華人大多在大學做研究工作。生活很乏味，相對清貧。在這裏定居的中國人穿著都很土，很明顯趕不上國內人的時髦……為了省錢，不敢隨便去餐館吃飯和消遣，更不敢輕易請朋友吃喝玩樂，出門也不敢住酒店……生活的壓力，鬱悶和乏味使他們（海外的女同胞）衰老的很快。而在國內滋潤的生活使我們的父母身心健康，相對國外的華人都看起來年輕很多。」更有甚者，作者還用他自己的標準來替這些人衡量一下，「這些年的努力如果是用在國內，至少在大城市有自己的房子，私家車或公司配車。如果在公司能做到管理層，在外面吃飯打車可報銷，出國的機會也不少。」其充滿陽光的前景就是「做的好，甚至會給你帶來一間自己的公司。」由此引出自己不願繼續留在歐洲的原因竟然是：這裏的電視台如果沒有接收天線，只能收到五個頻道、不能隨心所欲地寬帶上網、看不

到高樓大廈、立交橋沒有北京的多、風味餐館不像中國那麼到處都是、商場關門早周末不營業等等，等等……

這些幼稚的觀點真是令人啼笑皆非。顯然，作者所認識的只是一些游離了生活實質的表面現象。令人匪夷所思的是，此文一出就在互聯網上引起一片反響，說明他還是道出了相當大一個群體的心聲，這是一批有充沛的精力和熱情去追趕潮流卻又沒有足夠的能力來判斷這個世界的人。每當我接觸到諸如此類的論調時，就會聯想到那些先天營養不良的種子，它們只能擇地而生甚至蜷縮在溫室中。種子在這塊土地上不能發育成熟並不是土地的過錯而是種子的悲哀。君不見，即使在墨西哥廣袤乾旱的沙漠中也有滿身荊棘的仙人掌在顯示著頑強的生命力？

對任何一個地方任何一種事物的評價都會存在不同的觀點，正所謂見仁見智。如果作者對歐洲的評價客觀一些，對不願繼續留在歐洲的原因坦誠一些，說穿了不外乎不適應這裏的社會環境，不瞭解歐洲人的生活狀態，歸根結底還是自己資歷短淺，對遠離父母親朋、隻身在海外的生存能力欠缺，由此而產生了文藝腔般的「鄉愁」，相信大家會理解你的年輕和缺乏歷練，畢竟這裏不是我們自己所熟悉的一切，一覺醒來，突然發現十幾年甚至二十幾年所積累的的人生經驗統統被推翻了重新來過，作為過來人，那精神上備受煎熬的滋味想必嬰兒斷奶時就是這般難受。遺憾的是，作者並沒有認識到這一點，或者認識到了也不願承認，拒絕更新觀念，汲取異邦的營養充實心靈，還反咬一口，胡亂塗鴉人家的國度，未免可悲又可憐。就

好像一個剛斷奶的嬰兒，只顧得留戀奶頭奶嘴的溫馨而拒絕吸收飯菜的營養，還將之一把推開大哭大罵是「臭粑粑」一樣，他當然不知道被他罵得狗屁不如的東西恰恰是他成長過程中不可或缺的。好在絕大部分嬰兒在哭過鬧過之後還會憑著生存的本能平安過渡到另一個成長階段的，而個別死活不接納新營養的，就只有靠著日漸稀薄的奶汁苟延殘喘，即使有牛奶補充，也不過像是慣於依賴父母的孩子在父母無能為力的時候，即便有七姑八婆相幫，始終不會自立也是枉然。

　　什麼叫作融入主流社會？什麼又叫作生活的最底層？我有一位IT行業的朋友早已經是德國某大公司的主要股東兼部門主管，他屬下的員工都是來自世界各地的專業人才，當然也包括中國人，你能就此斷言作為部門主管就生活在社會的上層，而他的屬下就生活在下層嗎？從某種意義上講，作者所認為的上層社會似乎就是升官發財了，那樣的話，相信不止生活在海外的中國人，世界上任何一個國家的芸芸眾生們都是生活在作者觀念上的底層，和社會整體比起來，達官顯貴畢竟鳳毛麟角。

　　至於你所看到的海外女同胞大都穿著過時的衣裳，外表看上去比你國內的父母們顯老，就斷定人家是由於生活單調、乏味所至，我倒要問一聲，你究竟是在什麼場合遇到這些人的？如果你把這裏普通人閒適自如的日常生活拿來和國內同齡對自身形象不敢怠慢的職場打拼狀態相比，顯然是比錯對象了。就好比別人把你在國內熟悉的女士晨起時寬衣肥褲睡眼惺忪的樣子拿來和在歐洲影院劇場、高級宴會上遇到那些衣著得體、舉止典雅的女同胞來相提並論一樣有失公允。因為日常生活畢竟

屬於自己，無論穿什麼、怎麼穿都遵從自我的舒適，而公共場合的形象則屬於公眾，得體的衣著舉止既是對他人的尊重也是對自身的尊重，將兩者混為一談才授人以柄貽笑大方呢。更何況，生活在歐洲的同胞很少在穿衣戴帽上花費心思，更鮮見互相吹牛攀比，這更說明他們生活得心性坦然自由，其境界已經遠遠超越了最基本的穿衣吃飯，說不定你今天在大街上遇見的那個素面朝天、衣著落伍的女士明天就開著豪華跑車漫遊世界去了。單從外表評判人家的生活水準，在歐洲這個人文環境裏實在是太不合時宜。說到這裏，我反倒對國內的同胞姐妹每天不厭其煩地在臉上揉搓塗抹、身上墊胸裹腹、腳蹬高蹺一樣皮鞋去裝扮美麗而深表同情。試想，讓一個人每天都戴著化妝品保養品的面具把軀體裝進時髦服裝的套子裏，偶一為之尚可接受，天天如此長此以往就是對自然的扭曲、對天性的壓抑。不分場合地一味崇尚外表的風光美麗，不如追求身心的放鬆，身著時髦霓裳過世招搖，不如置身在藍天白雲下自由地呼吸。

國內有國內的美，歐洲也有歐洲好，兩者不是誰是誰非哪好哪壞的問題，而在於你所受的教育、你的個人修養和生活習慣以及心理承受力更適合在哪裏生存。如果適合國內，認為那裏人親土親，人際關係和諧，就抬腿回國，歸去來兮未必不是一個可行的選擇，一張機票就能解決的問題犯不著牽強附會地貶損別人的國度，畢竟，這裏曾經是你求學鍍金的地方，你把它貶的一文不名，顯然對你也不是件光彩的事。話說回來，如果適合這裏（歐洲究竟好在哪裏毋庸我贅言，相信大家心裏都有數），那就只有如饑似渴地勤奮苦讀，使出吃奶的氣力來

吸收人家的文化營養，否則就沒有機會躋身人家的「上層社會」，更別提什麼「學成報效祖國」了。國家建設需要的是棟樑之材，無論南來還是北往，土生還是海歸，不學無術又以偏概全滿腹牢騷的低能兒在哪都嫌多餘。因為我們的祖國既不需要二十四小時逛商場泡網吧的寄生蟲，更不需要貪圖私家車、公車報銷的享樂者。我們的祖國需要的是不畏艱險的創業人，是腳踏實地的勞動者。在踏上祖國這塊熱土之前最好捫心自問，自己將以何才何能在這塊土地上立足？

有女兒的感覺，真好！

　　凌晨被清夢擾醒就難再入眠，隨手拿起放在床頭櫃邊的電腦，鑽進自己的空間裏漫無目的地瀏覽起來，一頁頁地翻閱著回顧著，翻到去年此時寫的〈智者的山，仁者的水〉時，栩栩如生的文字記載又把我帶回了一年前，當時女兒演出的舞姿又清晰地重現在眼前，當讀到自己坐在高高的看台上體會女兒的孤獨抗爭時，淚水又一次模糊了雙眼，情不自禁地伏在枕上無聲地啜泣起來，直到打濕了半邊枕巾我的情緒才逐漸平復，宣洩之後的心情輕鬆多了。做為母親，親身陪伴著女兒一點一滴的成長，她的每一絲進步都滲透了母親的心血，她的每一絲委屈都牽扯著母親的心，這也是我每每讀到此處，情緒難以自控的原因。

　　母愛的付出是情不自禁的，作為母親，雖然在為子女嘔心瀝血的時候並不圖求回報，但母親傾注在子女身上的愛心會隨時通過孩子的一言一行折射回來，這就是孩子給母愛的最好報答。它有時是特定時刻一個會心的微笑，有時是你口渴時孩子遞上的一杯熱茶。每次想到自己清晨被電話鈴聲吵醒，匆匆跑上樓接電話的時候，女兒睡眼惺忪地出來默默地給我披上她的外衣，然後又不聲不響地返回床上繼續酣眠時，我都會被深深地感動。雖然更多的時候，子女給母親的回報是無影無形的，但作為母親，我卻能切身地感覺到。這種感覺讓我的內心時時被充實著、溫暖著甚至幸福著。

　　昨天，為了趕赴傍晚在中國大使館舉辦的迎春晚宴，本來和學生家長約好去詩般島的老城區找一個她認識的理髮師做頭髮。打算做好新髮型後回到家裏再精心修飾打扮一番，面目一新地出現在眾人面前。沒成想，由於自己的疏忽，沒有及時地更換火車，害得學生家長在約好的站台白白空等一個小時，等我們終於碰面趕到美髮廳時，又被告知她的理髮師生病了沒來上班，我想既來之則安之吧，把頭髮交給別的理髮師打理也未嘗不可。碰巧這天來美髮的人如此之多，我們只好在對面的咖啡吧裏坐等，直到晚宴前最後一班火車快來了人還未散，我無奈地放棄了先前的計劃，只好身著當天出門時的一身運動便裝前去赴宴。一路上不斷地遇到盛裝打扮的熟人，相形之下，更顯得自己不合時宜。

　　恰在這時，大女兒露露打來電話問我還能去參加晚會嗎？我回答說，時間來不及了，我直接過去了。她又問，你穿什麼過去呀？我說，還不就是今早出門那身，頭髮也沒做成，今天可是糗大了。露露說，你的邀請卡還在家裏呢，要不讓爸爸開車帶我們趕過去，我給你拿一身衣服吧，你要哪身呢？此時，面對如此聰慧又理解我的女兒，我已別無所求，只說，隨你吧，今晚媽媽把形象就交給你了，你帶什麼來媽媽就穿什麼。

　　女兒的電話讓我心裏有了底氣，隨著前來的嘉賓來到使館禮堂落座，觀看由重慶藝術團帶來的精彩慰問演出。這時，每每有穿著得體的熟人過來寒暄，怎麼穿成這樣就來了？我也落落大方地回答，是呀是呀，從健身房直接過來的唄。好不容易

等到燈光黯淡下來，眾人的注意力都被吸引到舞台上，這時，露露牽著妹妹的小手適時地出現了，她用目光搜尋到我後，一手牽著妹妹，一手提著一只大挎包急匆匆地越過眾人擠向我的座位。我忙安頓好姐妹倆，演出到中場就提著露露給我帶來的挎包溜進了盥洗室，我擔心等演出結束時那裏會有很多人，我換服裝就不方便了。此時，演出正進行到高潮，觀眾的掌聲一陣比一陣熱烈，趁盥洗室裏空無一人，我好奇地把露露帶給我的衣服從包裏拿出來，眼前不禁一亮，那是一件荷葉領杏紅色綢緞夾襖，上面還鑲嵌著亮閃閃的金絲繡，是家嫂幾天前剛剛從國內給我稍回來的春節禮物，樣式和顏色都是今年最流行的。我換上綢襖，鏡子裏的我立刻就亮麗起來。可是再往下看到我的運動褲，就明顯地不倫不類了。我抱著一線希望又把手伸進挎包裏，這回不但掏出一條黑色金絲絨長裙，還有一雙同色調的長筒襪呢，我忙欣喜地換上，沒想到，女兒替我將今晚的服裝款式和顏色搭配得如此協調。在女兒的精心設計下，頃刻間我就煥然一新了。最後，我掏出隨身攜帶的口紅輕點絳唇，然後又將唇膏淡淡地點在眼瞼上充眼影，點在臉側作腮紅。這時，演出已經結束，我隨著觀眾們陸陸續續地來到宴會大廳，朋友們見到盛裝打扮的我，紛紛驚嘆說，雨欣呀，你今晚真漂亮，這樣裝扮才對嘛！這時，我高高地昂起頭，得意地回答：是的是的，這都是女兒的功勞呀。

　　女兒的適時出現，把我從尷尬無助的境地中解救了出來，她像個魔術師，把一個灰頭土臉的媽媽頃刻間變成了光彩奪目的貴婦。曲終人散時，先生突然發現了我今晚裝扮的漏洞，批

評道：「哪有你這樣著裝的，鮮亮的民族衣裙竟然配著一雙烏糟糟的大傻棉鞋，沒聽說腳下沒鞋，人矮半截嗎？鞋子沒穿對，光衣裙漂亮有什麼用！」我說：「你懂什麼，這是我有史以來穿得最漂亮的一天！」

　　有女兒的感覺，真好。

參加大使館的晚宴

恍如隔世

　　教學工作緊張繁雜，已經很久沒有靜下心來塗鴉寫點什麼了。

　　這幾天稍有閑暇，就捧讀女兒從網友手裏徵購來的路遙作品《平凡的世界》，這部讓一代英才啼血早逝的鴻篇巨作是我一直要拜讀而又一直沒機會拜讀的。路遙在書中以他特有的質樸和深沉向讀者展示了黃土地上辛苦勞作那一代人的艱辛生活。昨天，坐在開往市中心的地鐵裏，我還在為書中人物的窘迫和困苦感嘆不已——那本書就攤在我的膝蓋上。到站後，我收起書，隨著各種膚色的乘客一起匆匆走出地鐵，望著街上的川流不息的高檔車輛和身著色彩艷麗而隨意服裝的人群，時空強烈的反差在心頭震蕩，不禁疑惑，我這是在哪兒？

　　產生這種疑惑並不奇怪，因為書裏描寫的是七、八十年代的中國，那是一個東方泱泱大國由落後保守走向改革劇變的年代，路遙的成書年代又是上個世紀的九十六年，距今已過十一個年頭了。十一年，在當今飛速發展的社會生活裏，能發生多少天翻地覆的變化呀，更何況，我自己又置身在遙遠的歐洲，在另一片土地上透過三十年的滄桑歲月透視那個年代發生在自己身邊的故事，那感覺，真是恍如隔世……

　　一部文學作品，經過時空的洗禮，竟然還能打動人心，引起讀者的思考和感慨，就不失一部好作品。

王文娟

──我心中永遠的林妹妹

　　近來，沸沸揚揚的新版紅樓選秀把八十年代版的電視劇《紅樓夢》重又炒得炙手可熱，就在大家擔心新版林妹妹無法超越陳曉旭的時候，又傳來了當年扮演林妹妹的陳曉旭毅然拋卻億萬身家遁身空門的確切消息，一時間陳曉旭版經典的林妹妹成了大家心中永久的痛惜，就在大家把林妹妹的目光都聚焦在陳曉旭一個人身上的時候，此時我的心裏卻浮現出另一個經典的林妹妹，她就是六十年代初，越劇紅樓夢裏林黛玉的扮演者──王文娟。

　　記得第一次看越劇紅樓夢的時候還很小，是逃學去看的。雖然影片裏的對白聽不大懂，但還是被林妹妹那迷人的氣質和超凡脫俗的神仙模樣深深吸引，林妹妹的葬花和寶哥哥哭陵一場，唱詞我是一句也沒聽懂，卻也跟著哭哭啼啼，因為那唱腔和場景實在是太悲戚了。出得影院，我還和一同逃學的小夥伴爭論賈寶玉到底是男孩還是女孩，想想真是好笑。後來，不止一次重看越劇紅樓夢，和很多紅樓愛好者一樣，很多經典唱詞都能大段大段地背誦下來，王文娟飾演的林黛玉成了我心中誰也無法逾越的經典，印象中的林黛玉就應該是她那細眉細眼的樣子。後來才知道，王文娟扮演林黛玉的時候都三十多歲了，

而且正趕上國家困難時期，根本就吃不飽飯，倒是不用特殊減肥了。當年她和著名表演藝術家孫道臨喜結良緣還是扮演寶哥哥的徐玉蘭做的大媒呢，寶哥哥親作媒嫁掉林妹妹，也成就了圈內的一段佳話。可是，她們的婚事卻遭到了導演的阻撓，因為當時正是拍攝黛玉焚稿一段重頭戲，導演擔心處在新婚喜悅中的王文娟拍不出林妹妹的淒慘愁苦。事實證明，不負眾望的王文娟塑造的林妹妹成了一部分人心目中的經典，就像後來的陳曉旭塑造的電視劇版的林妹妹成了另一部分人心目中的經典一樣。不久，電視劇紅樓夢也和觀眾見面了，有了王文娟先入為主的印象，大家開始對陳曉旭扮演的林妹妹評頭品足起來，說陳曉旭怎麼看怎麼不像林妹妹，因為陳曉旭版的林妹妹缺乏王文娟的柔弱和膽怯，是尖酸有餘惹人憐愛不足，還說陳曉旭演的林妹妹笑起來太開懷了，不像個寄人籬下的孤苦少女，倒是個被人寵壞了的任性孩子……二十年過去，時間證明，陳曉旭版的林妹妹也成了後人無法超越的經典。當年人們拿王文娟做標準來衡量她，如今她又成了大家心目中衡量後來者的標準，陳曉旭和王文娟兩代林黛玉整整相隔二十年，現在，新版紅樓選秀和陳曉旭也相隔了二十年，也許，二十年，就是一個藝術形象的輪迴再生？

　　不管歲月如何更替，不管新人如何輩出，王文娟——我心中永遠的林妹妹，她的一顰一笑，她緊蹙的愁眉，她哀婉的唱腔，她蒼白的病容都成了我心中揮之不去的記憶。如今的王文娟已是八十高齡了，我衷心祝願她健康快樂！

精心裝扮留倩影

　　深秋的某一天，女友興之所至地約我趁著大好秋色，一起去離家不遠的公園去拍些照片。起初，我很不以為然，因為我平時照片很多，都懶得整理了，再說，那個公園對我來說也不稀奇，想去隨時可以。主要是似乎過了對拍照興致勃勃的年齡，自以為青春不再，無論怎樣修飾打扮，拍出來都是人到中年了。可是先生卻起勁得很，滿口答應充當我們的攝影師，他甚至勸我，再過一段時間回過頭來看今天的你依然是年輕的。他說得很對，無論今天的我是什麼樣子，和以後相比，都永遠是年輕的。女友說她後悔二十歲時沒有留下青春的倩影，以致四十

歲的今天後悔不迭，我說，那就多留一些四十歲成熟的倩影
吧，免得到六十歲時又後悔你的四十歲。因為，時光如流水
總是一天天向後溜走卻不會回過頭來遷就你的悔意，所以，只要
興之所至，就應該留下我們生活的印記，這是歲月的紀念呀！於
是，我精心地把自己裝扮一番，使鏡頭裏的自己看上去精力充沛
心滿意足的樣子，我相信，照片記錄下來的不光是我們此時此刻
的外貌，更重要的，還有拍照時的心情……

難得的寧靜

那些日子，感覺自己總是被一股力量推著向前，似乎脫離了原來的生活軌道越走越遠。

那些日子，總是忙著看上去和聽起來都很宏偉的事業，其中艱辛壓力也只有我自己才能體會。

那些日子，忙忙碌碌中，心情一直渴望著寧靜，只需片刻的寧靜就好。半個小時，我就可以一個人騎車兜兜風，駛向近郊看看如洗的藍天，和藍天上如絮般的的白雲。我住的地方騎車到郊外也就十幾分鐘，短短的時間裏，你就可以從喧囂中逃避出來。郊外有成片的麥田，站在田邊，整個天空無遮無擋地高懸在頭頂，晴天時如火如荼的太陽和雨後橫跨天空的七色彩虹都會令人生發萬端感觸，舉望眼，高樓林立的都市就在不遠的前方。

前夜加班到兩點，總算將這一階段的任務告一段落。接下來不短的一段時間裏，雖然還要處理很多重要的事情，但總算時間是歸自己安排了，所以，有時整整一上午，我一個人在家裏什麼都不想做，充分享受著這難得的寧靜。打開電腦，既不必查詢什麼，也不刻意等待什麼，只是悠閑地瀏覽。時有所感，信手敲點什麼，也算一種收穫。

筆記本電腦就放在床頭桌上，枕邊那本渡邊淳一的書是我一直要讀卻一直沒有閑暇細讀的，此時也能靜心翻翻了。

倦了乏了，就隨時將書擱下，沉入夢鄉，但願這白日裏慵懶的睡眠中也有美妙的夢境相隨。

其實，這種日子才是我真正要過的，平淡日子裏這份寧靜才是我真正想要擁有的。如果能天天這樣單純地生活著，縱使粗茶淡飯，簡衣陋室也心甘。

芙蓉姐姐的修養

　　過分的自信就是自戀，一直以來都覺得芙蓉姐姐就是這樣的自戀狂。她勇於展示自己外人看來並不美好的蛇行身段，不管別人如何評價，她對自己的一切總是那麼不客觀地高估，她在ＢＢＳ上的紅火成就了網民茶餘飯後的笑柄。可是，今晚看了許戈輝在鳳凰衛視主持的芙蓉姐姐專訪，卻令我對芙蓉姐姐刮目相看了。面對許戈輝惡意挑釁般的提問，進而引出不知何處冒出來的真假嘉賓們一輪輪狂轟爛炸，芙蓉姐姐竟然能做到以不變應萬變，不管他們如何言辭尖利地發難，芙蓉姐姐都是報以一個憨厚又不乏燦爛的笑容。相比之下，倒把尖酸做作的許戈輝顯得蒼白和淺薄。一個專欄節目的主持人帶有明顯的個人偏見問出諸如：「你不覺得你的勇敢已經成為別人的笑料了嗎？」「面對嘉賓的尖銳批評你心裏難道沒有任何感覺？」「是什麼使你練就刀槍不入之身的？」等等。芙蓉姐姐不卑不亢的回答不時引發觀眾席上的陣陣掌聲。我本無意替自戀得有些病態的芙蓉姐姐說話，但許戈輝和某些嘉賓的作法實在是自降品格，讓人感到其修養水準還真不及芙蓉姐姐一個腳趾頭。也許在錄這檔節目時許大美女的大腦進水了，竟然引誘一位五官位置嚴重挪位的女嘉賓振振有詞地對芙蓉姐姐說教什麼：「你以後應該改善自己的形象」云云，也不知究竟誰才應該去改善形象，此女的不知斤兩真是比芙蓉還芙蓉。更可笑的是，

有一位帶著大墨鏡，長頭髮遮住整張臉的男子竟然大言不慚地當面指責芙蓉姐姐：「不是一個自然、真實的狀態。」許戈輝不失時機地敲邊鼓：「也就是說很做作！」就算該男子說的不無道理，可你在指責別人不真實的時候，是不是也該摘掉墨鏡，歸攏亂髮，把你那真實的尊容露出來呢？最起碼，在這點上，芙蓉姐姐那張臉醜也好俊也罷，總比你那張遮遮掩掩的男人臉真實得多！許戈輝採訪芙蓉姐姐的目的顯然是試圖把她推到一個公審台上，哪承想卻給了芙蓉姐姐一個展示自己過人修養的良機，無形中又把某些自以為社會主流之人的靈魂陰暗面暴露在大庭廣眾之下。

芙蓉姐姐坦率地承認自己在上大學期間出過車禍，當時傷得很嚴重，至今還被那場車禍的後遺症困擾著。如此說，芙蓉姐姐的某些言行異於常人，並不排除是車禍中大腦受到創傷所致，她腦袋被車撞壞了沒恢復好，可那些在媒體上公然對芙蓉姐姐譏笑嘲諷的正常人呢？作出此等莫名其妙的採訪和一個大腦受過創傷的人較勁，不覺得無聊透頂嗎？

姐弟戀爽嗎？

　　剛看完王朔和劉震雲策劃的電視劇《動什麼，別動感情！》。裏面有一個剛滿二十歲的陽光大男孩廖宇，簡直是人見人愛，把他一個八竿子打不著的遠房親戚家折騰得天翻地覆，從年過七十的樓長姥姥到二十七歲的白領老姐，最不濟也是頗具明星像的二姐（仍然比他大一歲）。這麼說吧，只要是女人，甭管哪個年齡段的，管保見了這個小孩兒都七魂出竅九魂升天。聯想到歌壇天后王菲的前任男友和現任老公，也是姐弟戀的典型注腳。網路上生活中銀幕裏，似乎一夜之間鋪天蓋地姐弟狂戀起來了。

　　姐弟戀酷嗎爽嗎？我問了一百個人，也得到了一百個答案。

　　有的說，找姐姐好呀，姐姐會照顧人；還有的說，俺窮呀，可是妹妹更窮，吃喝拉撒還得靠俺呢，只有和有點根基的姐姐戀愛才有鹹魚翻身的機會；更有的說，找個年長一大截的女人戀愛刺激呀，凡是刺激的東西就想嘗試；當然，還有一些更加高尚更加冠冕堂皇的理由，諸如姐姐的學識高待人寬厚，姐姐的見識廣可做領路人，吃了姐姐燒的飯離不開，我家的小貓拉稀只有姐姐會調理等等不一而足……以上都是弟弟們的一面之詞，至於姐姐們究竟是怎麼想的我還沒調查出個所以然，只有希望有此經驗的姐姐們不吝賜教了。

對熱衷於姐弟戀的弟弟們，我也有吉言相告：

首先，姐弟戀的最佳年齡差距應該是相差三至五歲，因為這個年齡差距既能體現出姐姐的優勢又不顯得姐姐太老，弟弟風華正茂、姐姐依然年輕，不錯。差個一、二歲基本還是同齡人，不算什麼姐弟戀，況且如今的姐姐們多妖精呀，弄不好弟弟們倒顯得比姐姐更蒼老。像朔爺的電視劇裏那兩位，小陶虹比廖宇大了七歲就有點不對勁了，所以他們愛得縮手縮腳的，姐姐擔心等弟弟讀完四年大學自己都三十一了弟弟會嫌她老，弟弟擔心自己沒經濟基礎，而姐姐是月收入五個零的白領精英，怕被人說是吃軟飯的，連姐姐送的電腦都不敢要；如果像王菲和小謝，年齡相差十幾歲就更不靠譜了，因為過了十歲基本就屬於兩代人，不該叫姐弟戀而應該叫「姑侄戀」或者「姨甥戀」吧，相差再大就成「母子戀」了。

其次，姐弟戀的最佳年齡段應該是二十以上四十以下。不到二十歲，姐姐有勾引未成年之嫌，過了四十歲，弟弟自己也成熟了，姐姐就沒有了優勢，小弟弟喜歡大姐姐似乎天經地義，如果壯年男子喜歡半老徐娘就顯得不倫不類。

昨天，我那帥哥表弟向我宣布他的新戀情：「姐，我和X大姐戀愛了！」我好言相勸：「老弟呀，那個剛離婚的X大姐比你老姐我還大三歲呢，你那麼帥，還是去找小姑娘戀愛吧！」表弟不屑地說：「你真老土，如今只有老頭子才愛找小姑娘呢！」

崔健大哥說什麼來著？

「不是我不明白，是這個世界變化快……」

害死男人的十大荒唐想法！

　　前幾天一位朋友向我推薦一篇網上流傳的文章，題目叫「害死女人的十大幼稚想法！」在此，我不吝筆墨將原文摘錄如下，希望姐妹們不要不明就裏地對號入座：

一、　相信天下男人都好色，都背著自己的老婆和外面女人多多少少有一手，但是自己老公除外。

二、　相信一個青年的理想，然後嫁給他。三十歲的時候，仍然相信不名一文的老公會有大作為。四十歲的時候，相信自己的孩子是天才。

三、　看某某偶像帥哥在電視劇裏面痴情一片，便執著的認為演員本身一定是一個純真的好男人。

四、　逛街購物，一定不委屈自己，相信試穿在身上的衣服絕對合適自己。買回家再看，越瞅越不順眼，丟在衣櫃再不理會，下次上街，同樣如此。

五、　從參加工作到結婚，已經多年沒有讀完過一本小說。但是，還堅信自己是一個有知識有品味不媚俗的知性女人。

六、　穿瘦身內衣，以為男人不知道她胖。

七、　花錢做美容，以為男人不知道她老；與男人談政治，以為男人不知道她無知；沒錢的，披金戴銀，以為男人不知道她沒錢；有錢的，裝窮酸，扮苦相，以為男人不知道她有錢；離婚的，到處說老公

壞話，以為別人不知道她也有責任；沒離婚的，故
做幸福狀，以為別人不知道她過的不幸福。

八、她說話，你出於禮貌盯著她的眼睛，她就以為你不
嫌棄她囉嗦；穿新衣服，你說好看，她便炫耀著出
門；你饑腸轆轆，狼吞虎咽，她便以為自己做的菜
好吃。

九、年輕漂亮的，相信自己二十年後，依舊是一個人見
人愛的大美人；年輕長的不好的，便認為自己有氣
質；歲數大的，堅信自己年輕時曾經美麗；相貌氣
質身材都不好的，拍一張濃妝艷抹的藝術照，相信
照片上的美麗女子就是自己。

十、戀愛時，遇到感覺不好的合適的結婚對象，於是便
決定嫁給他，相信婚後一切會改變，感情會越來
越深；婚後，感情受挫，麻煩不斷，便相信生一個
孩子就可以改變男人的不負責任，就可以永遠栓住
他。

最「可愛」的女人認為，以上十點都沒有說到她自己。

讀罷該文，不禁莞爾。這篇文章顯然是出自男人之手，而
且是個主觀臆斷的男人。雖然該文用輕鬆活撥的語氣將女人
們狠狠地幽默了一回，但明眼的女人一看就知道，文中所列
舉女人的種種幼稚可笑之處不過是男人們一廂情願強加給女
人的。當男人用他們的眼光恣意打量評判女人的時候，殊不
知女人們也在用自己的標準來衡量他們，於是，本人一時手

癢，也信筆總結十條大大地幽男人們一默：

一、相信天下女人都虛榮，攀比妒忌，只認金錢不認
　　人，恨不能把男人腰包都掏空，但是自己的賢良老婆
　　除外。

二、年輕時，相信自己是天才，他的男人魅力能使天使嫁
　　給他；三十歲時，仍然相信身邊這位成天圍著他轉的
　　凡間女子就是天使專為他而徹底改變的；四歲的時
　　候，相信自己的兒子是個小天才，女兒是個小天使。

三、看到某個心怡的女明星又出現了緋聞或嫁入豪門，就
　　一口咬定人家是九尾狐狸投胎轉世，暗中期待她們婚
　　變的消息，表面裝作不屑一顧，其實內心嚮往已久。

四、和人一起吃飯時，搶著買單，大有一擲千金的豪氣，
　　回到家裏卻偷偷盤算人前贏回了多少面子，輸了多少
　　銀兩，甚至還抱怨人家的胃口好忒能吃。

五、從大學畢業就沒在讀過一本和專業無關的文學著
　　作，仍堅信自己出口成章語驚四座，其文學修養內
　　不服余秋雨，外不輸高行健。

六、身穿休閒裝，腳踏旅遊鞋，故作隨意灑脫，以為女人
　　不知道他體態臃腫啤酒肚。

七、有時肯為他喜歡的女人大把花錢，以為女人不知道
　　他氣虛；有時故作深沉與女人談情意，以為女人不
　　知道他薄倖；有老婆的，大談老婆不盡人意之處，
　　以為人家不知道他自己欠厚道；沒有老婆的，就以

為自己是鑽石王老五在張網以待，以為人家不知道
他根本就沒人要。

八、聽他吃飯吧嘰嘴，你多看他兩眼，他就以為你被他
的成熟男人氣質所征服；他和你說話，你出於禮貌
微笑傾聽，他就以為你願意以身相許。

九、沒錢的，相信自己才氣過人，爾等凡人有眼不識金鑲
玉，總有一天老子會發達；有錢的，以為金錢能買來
一切，買來一隻漂亮的金絲鳥就是買來了愛情。

十、失戀時，明明自己被甩了，還幻想著總有一天，那個
負心女子也會遇到一個負心郎，然後流著悔恨的淚水
回到他身邊。結果，人家卻幸福美滿得一塌糊塗。若
干年後，他又想，多虧當初她沒選擇我，你看她現在
眼角的魚尾紋，還有粗腰身……卻沒照照鏡子裏的自
己，彎腰駝背羅圈腿外加老花眼，如果讓對方此時再
選擇，他依舊是沒戲唱。

最「可愛」的男人認為，以上十點都沒說到他自己。

歡迎男士們對號入座，同時也希望女士們偷偷打量一下自
己的枕邊人，看看他符合多少條。如果一條也對不上，要麼是
我對男人缺乏瞭解，要麼是他真的是難得一見的「最可愛」的
男人。

網路徐娘也瘋狂

　　曾經在某雜誌上讀到旅德作家老夏的文章〈電裏有話〉，
洋洋灑灑地講述了中國人近二十年電話的演變，照他這麼說，
這電話好像還真是時代進步的一大標誌之一。在我們的日常生
活中，電話雖然早已成了不可或缺的通訊手段，可還有比它更
先進的更神奇的老夏還沒來得及說呢，我本來是打算等老夏
論完了電視論電話，然後肯定就輪到它了──網路。可幾次和
他老兄提起，他都是一臉的茫然，約他上msn聊天，他反問：
msn是個什麼鳥東西？等我口沫橫飛地解釋半天，他的臉還是
茫然著。至於什麼雅虎即時通、QQ視頻等更邪門的網路通訊
方式，他老人家更是聞所未聞，所以，我只好不等他的下文
了，索性自己撰它一篇，雖然不一定有老夏的博大精深，也算
是一家之言吧。

　　事先聲明，我這裏絕沒有貶損嘲笑夏老兄落伍的意思，
這年頭，除了覺著自家孩子長得慢，什麼都是變化快，這世界
一天一個樣，照老夏的話說，當年沒電話的時候就盼著有機會
和電話那端的人不用見面就能問：吃了嗎？而今家家有電話，
人人有手機，網路通訊的發展更是突飛猛進，人們突然又不滿
足這不見面的問候了，於是，網路視頻便應運而生而且迅速蔓
延。當視頻電話和網路音頻還處於計劃和起步階段，網路視頻
竟然以迅雷不及掩耳的勢頭將此二者合而為一。原來聽幾個小

博士生談起這個陌生的詞就像聽天方夜譚一樣，幾次跑到電腦專賣店，面對那些林林總總的電腦配件都不知所措，根本分不清哪個是配哪個的。最後，終於耐不住好奇，放下架子向後生們虛心求教，在他們不厭其煩地指點下，我總算配齊了耳麥，網路鏡頭等一系列網上通訊所必備的東西，雖然聽上去囉嗦，但用起來，真的是即神奇又方便，可謂不用不知道，用上離不掉。

幾年前曾寫過一篇網上聊天的文章，那時，本不老徐娘身懷六甲靜候臨產，為打發難耐的時光而一頭栽進網路，靠著螢幕的遮掩，硬是冒充著純情少女，不知騙來了多少哥哥弟弟的美妙遐想，人家一要電話地址，我就逃之夭夭，生怕一不小心纏上傳說中的網戀。

那時的網戀是盲目的，由於不明就裏，更為這戀情披上了神秘而又美麗的外衣。網路給陷入網戀的人兒帶來的愛情幻想，美妙得如同萬道霞光，可一旦回歸現實，那霞光便會倏然消散，深深的失望又會將人拋進萬丈深淵，網戀的結果經常伴隨一個尷尬的詞：見光死。所以，我一直認為，明智的網戀就應該只停留在精神的層面，既然明明知道那是個虛幻的感情世界，就不要將它和現實扯上干係。端坐在螢幕前的雙方享受的是語言碰撞的樂趣，苦心編織的字句情真意切地感動著對方的同時，也感動著自己。由於互不見面，更增加了遐想的空間，這就足矣。

陷入網戀的人之所以無法擺脫這個虛幻世界裏的虛擬情感，因為這裏沒有人世間的任何繁雜，卻有被想像千萬次美化了的她（他）。有她（他）的世界由於虛幻而顯得美麗和不著

邊際。網路雖然是虛幻的，但那躲在螢幕後面的靈魂卻是那樣的真實，端坐在螢幕前望著心上人的名字，思緒透過指尖流向鍵盤，流向螢幕另一端的她（他），這一切都會使人一度忘記了網路與現實的距離，忘記了現實世界的無奈和困惑，忘記了年齡忘記了自己，慣於墨守陳規的軀體承載著精神的自由，這一切，都使本應暗香盈袖的淡淡思緒，在不知不覺間幻化成洶湧難平的潮水，時時拍擊著思念和盼望的心懷。哪怕和你卿卿我我兒女情長的那一方，實際上是個恐龍青蛙，靠著螢幕的阻隔，任他（她）咬緊牙關，硬充帥男美女，誰會知道真相？就連比爾蓋茲的狗上網，對方還以為是會說外星語的大俠駕臨呢。

　　「忽如一日春風來，千樹萬樹梨花開。」可惜好景不長，網路視頻似乎是一夜之間遍地盛開。當我踏進久違的聊天室，只見到處都是小麥克風小攝像頭的標記，純粹的鍵盤輸入聊天室已門庭冷落，當你大模大樣地踱將進去，還沒等開口寒暄，人家就問：你有視頻嗎？沒有，免談！顯然，網友「見光死」這個經典結論隨著視頻的普及，也該變成歷史名詞了。看來，徐娘們的幻術在先進的科技手段面前必將原形畢露，從此再也沒有冒充純情少女的可乘之機。有道是，它科學技術道高一尺，本不老徐娘魔高一丈，面對鏡頭，咱這回將純情的網路戲說變為真誠溝通了，這時所交的朋友既是網友也是見得陽光的現實朋友。果然，上帝關了一扇門，同時又給你開了一扇窗。

　　我友小飛魚兒（當然是網名），雖年已不惑，但風采依然，作為私營企業經理的她經常上網和商業夥伴恰談業務，借助網路快捷的通訊方式，她及時地把握了商機，幾單大專案的

成功運作，更增加了她對網路信任。就在此時，一個文采飛揚
語言幽默的哥哥在網上開始向她頻頻遞送橄欖枝，這個哥哥顯
然是被小飛魚兒虛擬世界裏的俏皮言談方式所吸引，一廂情願
地把她當做青春少婦來追求。小飛魚兒也將錯就錯，漸漸地，
她也被這個哥哥的才華所折服。一來二去，竟然一夜不入網，
如隔三秋兮，直至入迷到網上不見哥，茶飯不得思。這期間，
哥哥向小飛魚兒索要照片，擁有青春美貌當年勇的她索性把
自己十幾年前的照片甩出去迷惑哥哥。哥哥一見玉照，果然大
喜，於是增加了追求的力度，情真意切訴說思念的電子書信一
封接一封地拋過來，就在小飛魚兒深陷在哥哥的柔情蜜意裏不
能自拔的時候，哥哥提出了見面「昇華愛情」的要求，小飛魚
兒當然婉拒，因為浪漫的她追求的只是精神上的共鳴和安慰，
根本不想現實地越界。更何況，聰明如她，怎能自投羅網戳破
自己美麗的謊言和哥哥對她同樣美麗的遐想？美麗的謊言憑著
地域和時差的間隔，就這樣持續著。直到忽然有一天，哥哥裝
視頻了，他極力要求小飛魚兒也裝一個，這樣他們就能面對面
地聽著聲音看到對方了。哥哥一求被拒絕，再求被拒絕，三求
仍被拒的時候，他失去耐心的同時也產生了懷疑，從此消失在
小飛魚兒的網路世界裏。

　　黯然神傷的小飛魚兒知道我曾當過網路編輯，就跑到我這
裏討好主意，雖然編輯左右的是文字而不是愛情，但我還是按
自己對網戀的理解給她提了幾點建議：一、如果把網路當做虛
擬世界，就不要對這段感情抱有任何幻想，更不必傾情投入，
前一陣的交流就算是一段難忘的經歷在記憶裏留存吧。二、如

果已經認真不能自拔了，就說明你只是把網路當做現實的通道和橋樑，把網路情人也當成了現實中的戀人，這樣的話再欺騙下去就是對愛情和友誼的褻瀆，不如索性坦誠地告訴他實情，如果他還珍惜你，就不會介意你的年齡，反而會被你的真誠所打動，你成熟的魅力和對事業的成功追求未必不是吸引他的因素。三、如果他知道真相後，因為你不是他心目中所向往的美妙佳人而逃之夭夭，就說明你和他根本就不是一類人，又何必勉為其難。過去的一切再美麗也只是夢幻，是夢就總有醒來的時候，不妨把心頭所有的雜亂都交託給時間，沖走該流逝的，沉澱下該記住的。四、如果再入網求友，無論是真誠相知的朋友還是談情說愛的戀人，都要吸取這次的尷尬教訓，以誠待人，真面目示人，真心只有用真心來換取。說完這些，我應她所求，當槍手為她那情哥哥賦詩一首以挽回似鐵郎心。因為沒有實地演練，寫不出情真意切的文字，只好臨陣篡改蘇老先生夢悼亡妻的《江城子》來湊數：

攥改蘇軾江城子——網上情緣

幾載情緣兩茫茫，
不思量，自難望，
一盞孤燈，無處話淒涼，
縱使不逢也應識，
情滿面，淚千行。

夜來幽夢忽入網，
小視窗，登陸忙，

> 手持滑鼠，故作矜持狀，
> 料得夜夜斷腸處，
> 螢幕前，鍵盤上。

詩詞被她拿走哄騙哥哥去了，隨後我就把它掛在了論壇上，也算是版權所有吧。不出一天，竟然有無數真假江城子前來應和，都是傾訴網戀心情的，將現實感情寄託於虛擬網路的普及程度由此可見一斑。甚至有網友發來短信戲言：

> 上網了吧，網戀了吧，幼稚思想受騙了吧？
> 網戀了吧，投入了吧，感情走上絕路了吧？
> 投入了吧，見面了吧，沒有以前來電了吧？
> 見面了吧，後悔了吧，美眉變成恐龍了吧？

寥寥數語雖然通俗，卻令人莞爾。

隨著網路視頻語音的迅速普及，網路那份虛幻神秘已經越來越蛻化了。現代通訊的發展使人類的交流和溝通，轉了一大圈又回到原地，雖然不是實質性地面對面，但面前那方小螢幕裏所呈顯出清晰的圖像，使地球那一端的交流者彷彿近在咫尺。近來聽說中國廣州還申請了視頻作愛器具的專利，只要螢幕兩端的雙方操縱滑鼠就能實現異地雲雨。據說此物最初被當作淫具禁止，後來又成了防止愛滋病傳播的天使，這時，天使就是魔鬼用來示人的另半張臉孔。連人類最原始最永恆的愛欲情仇都能通過網路視頻來實現，留著這副血肉之軀還有何用？

　　當人們逐漸習慣了面對毫無生命的電腦痴情傻笑的時候，生活中就永不再有鵝毛千里相贈，鴻雁萬里傳書的佳話了，人類也會漸漸喪失愛的能力。因為，愛情一旦失去了對戀人綿長的回味和悠遠的期待，就和只能飽腹卻營養缺乏的速食麵沒什麼兩樣了。

　　某日面對視頻裏的他問（他在中國我在德）：你吃了嗎？他搖頭作無奈狀時，我端著一碗熱氣騰騰的水餃竟然無法送到近在咫尺的老公嘴裏，眼睜睜看著他的口水滴答而落，可惜呀可惜。不由嘆道，任憑科技發展的再迅猛、電腦的作用再神奇，還是有它無能為力的時候！

綠色的生命與希望

　　時光匆匆，一轉眼離開天高地闊白山黑水的故土已整整十幾個春秋。十多年來，我在他鄉與故鄉的文化夾縫中生存，精神的苦悶無依漸漸使我痴迷上兩件事，一個是寫作，另一個是廚藝。

　　寫作的時候，我把滿腹心事交託給一頁白紙或一方螢幕，把它們當作是最知心的朋友，在寫作的過程中盡情地舒緩與宣洩著自己的情緒，此時此刻，被身體囚禁的靈魂也趁機飄然升騰。如果說寫作能使我的心在天上飄飛，那麼廚藝則能讓它重新回落現實的地面，隨著一盤盤色香味美的佳餚從我手中炮製出來，滿足了口腹之欲的同時也補充了身體所需的營養。飯燒好後，我更講究用餐時的心情，所以，我家裏食具和桌布的顏色都是我喜歡的綠色。在我心裏，綠色既是盎然生機又是祥和寧靜，因為，它原本就是生命的顏色。

　　此時，我寫下「生命」兩個字的時候，心卻是顫抖的。因為，今天，就在西方家家戶戶都還沉浸在聖誕歡樂氣氛的時候，就在這處處張燈結彩的喜慶時刻，巨大的災難竟然從天而降，頃刻間天地裂變，滔天巨浪捲走了人間天堂的祥和與安寧，原本幸福的夢境幾秒鐘之內就變成夢魘，逾十五萬之眾鮮活的生命說消失就消失了，由天堂到地獄的轉變是那樣的突然，一切都沒有預料，一切都在轉瞬之間……全世界都震驚

了，全世界都在為葬身在東南亞大海嘯中的生靈哀嘆……

一位平時為人處世極為認真的朋友深有感觸地嘆道：從今往後，無論是對親人、對朋友、哪怕是對競爭對手，我都可以放棄一切原則，因為災難使我懂得，什麼東西都沒有人重要，活著，只要活著，就是美好的。

人生苦短，世事無常，生命既是昂然的也是脆弱的，珍惜我們所擁有的吧，相遇，就是緣分；活著，就是幸福。

＊寫於2004年末東南亞大海嘯之際

再過二十年，我們來相會

一、同窗好友

　　午夜被大學裏老班長的電話鈴聲吵醒，聞說昔日同窗二十年後要回到母校歡聚，我不禁驚異於二十年的歲月怎麼就這樣不知不覺間流走了？人生還能有幾個二十年任我們自如揮灑呢？

　　一萬年太久，只爭朝夕。感慨過後的我立刻落實到行動上，風風火火地安頓好兩個女兒兩隻貓咪，給學生們提前放秋假，就馬不停蹄地啟程回到了故園。

　　相聚的時間實在過於短促，當我見到闊別二十年的同學舊友時，恍惚間走過的二十年歲月還未來得及品味回顧，又身不由己地回到客居已久的他鄉。有道是歲月如霜催人老，一見面，設想了無數回重逢的激動頃刻間蕩然無存，有的只是二十年前同窗時的感覺，似乎這二十年是在時空中丟失了又忽然一夜重拾了回來。當年漂亮的女同學依然漂亮，連舉手投足間的神態都沒有改變，當年穩重的老大哥還是穩重的樣子，只是讓時間掠奪了當年那一頭濃密的黑髮，當年的瘋丫頭「瘋」采依舊，當年的帥弟弟如今卻成了「衰」弟弟，通宵的菸酒麻將害人不淺呀！

　　時隔二十個春秋寒暑，連我們的孩子都到了當年我們踏入校門的年齡了，要說我們不變那是假話。重逢那一刻，我就明

白了，哪怕歲月如霜似刀，它雕刻的也只是我們的容顏，我們
內心的感覺，卻一如昔日同窗少年時。雖然二十年我們在各自
的人生旅途中已經走出了太遠太遠，沿途閱過無數風景領略無
限風光，可是只要一回到我們人生的起點，所經歷的一切已不
再重要，是龍是鳳統統打回原型，卸掉偽裝回歸自我，大家都
是自己人，誰不知道誰呀！

　　家鄉秋日的美麗比我夢中不知要美上多少倍，我欣慰；當
年唧唧喳喳的女同學已人到中年，眼角的紋絡中蘊含著平和沉
穩，笑容中流露出舒心美滿，我欣慰；當年玉樹臨風的羞澀男
孩兒如今已個個腰身粗壯，幽默的言談中透著自信豪爽，舉手
投足間處處顯示著他們在家庭中、在社會上所扮演的舉足輕重
的角色，這一切的一切，都令我坦然欣慰。

攝影：高航

當大家笑談當年小兒女初戀時的稚嫩情意時，那時忌諱莫深的話題沉澱了二十年竟然令人生出那麼綿長深遠的回味，看來感情果真如酒，時間越長越醇厚。校外早戀的我無緣成為他們話題中的一員，內心不禁飄過一絲淡淡的失落，同時也充滿著深深的慶幸。失落的是，在那個特定時期的舞台上，我只是個局外看客；慶幸的是，多虧自己當年掉隊，才有二十年後面對眾位兄弟姐妹的坦然。

二十年相聚的話題很多，二十年重逢的感覺很重，同學的你，同桌的他，歡聲猶在，歌聲不絕，那一瞬間的感動足以回味一生……

二、夢中的湖，定情的樹

攝影：杜彥明

北國的初秋，湛藍的天空下，陽光暖洋洋地當頭照著，樹的顏色深深淺淺的，遠遠望去，層次分明地連成一片，黃黃綠綠的樹葉密密匝匝地懸掛在枝頭，故鄉長春豐碩的秋天不但毫無秋風掃落葉的蕭瑟，反倒讓人心裏充滿了溫馨。

秋日的午後，我和夫君相約去南湖的湖心島上尋訪那顆意義非常的垂柳，因為那棵樹是我們定情時曾經依偎過的。

攝影：杜彥明

二十年前，被冠以「塞北春城」的長春還相對閉塞，市民的業餘生活很單調，滿城只有一個簡陋的人工湖，由於坐落在靠近南部的城郊，故稱為南湖。每到節假日，南湖裏就人滿為患，並不潔淨的湖裏泡滿了號稱游泳的人，實際上大家充其量只能算作戲水，「水鬼」們在湖裏下餃子一樣擠作一團，哪裏能夠暢游呢？岸上的遊人更是摩肩擦踵你推我擁，好像全市的人都擠到南湖來了，一毛錢一張的門票要靠搶才能買到手。那時我們每次來到南湖似乎不是為了踏青遊玩，而是前來和親朋好友相會，因為每走幾步就要和迎面而來的熟人招呼寒暄，情竇初開時的夥伴們自認為密而未宣的戀情都是在這裏被撞破被曝光的。夜晚的南湖，靜僻幽深，湖邊那些垂柳和垂柳深處的白樺林又是一個神秘魔幻的所在，那裏產生了很多奇誕詭異

的傳說，既是惡毒後娘拋棄幼子的場所，又是流氓色狼獵艷的溫床，無論白天的南湖多麼喧囂，入夜之後，全城的人都談湖色變，敬而遠之。而今的南湖小區作為長春最成功的開發區已經成為全市高雅華貴的所在，南湖之夜更是另一番景象。剛剛抵達長春的那天，和朋友一起在我們下榻的南湖賓館用過晚餐後，夜色已深，我們夫妻二人散步來到南湖大橋上，昔日陰森冷寂的南湖夜晚如今燈火通明，橋頭一個戴眼鏡的儒雅青年在和顏悅色地兜售孔明燈，小夥子看上去像是勤工儉學的大學生，寫得一手漂亮的毛筆字，見我駐足欣賞他剛剛放飛的熱汽燈，隨手把毛筆遞給我說：「要不要寫上你的願望也放飛一個？」我毫不猶豫地接過毛筆，簡潔地寫下了：闔家美滿安康！然後在小夥子的幫助下，在周圍遊客的驚嘆聲中，讓這只載著我們最樸實心願的孔明燈高高飄向天際。

二十年後我們再次踏進南湖，不禁感嘆映入眼簾的這一片湖光秀色，湖邊的垂柳依然婀娜多姿，垂柳深處那片白樺林更加挺拔秀麗，林蔭小路上，有幾對拍攝婚紗照的新人在情緒飽滿地擺姿勢作造型，藍天白雲襯托了他們的幸福，他們的幸福也把藍天白雲下的南湖妝點得更加美麗生動。

記憶中污濁的湖水如今碧波蕩漾，寧靜的湖面上漂浮著一隻隻漂亮可愛的鴨子船。二十年前斑斑駁駁的九曲橋如今也令人眼前一亮，潔白的九曲迴廊被幾個鮮紅色的亭台曲折相連，看著橋下那連成一片片綠色的大荷葉和清清爽爽的荷花，我的心裏充滿著深深的感動與感激：多美的家鄉呀！多好的家鄉人！是他們二十年來一直堅持不懈地為改變家鄉的面貌而努力

著勞作著，是他們的不辭勞苦圓了我這個遊子的思鄉夢，撫慰了我這顆漂泊流浪的心靈。

雖然眼前的南湖已經今非昔比，可我們的感覺一如二十年前，我手裏舉著夫君給我買的糖葫蘆——那是我們熱戀時最愛吃的美食，時隔二十年，家鄉的糖葫蘆的味道一點也沒有改變，山楂果的顆粒還是那麼飽滿，掛在外面那層糖漿的味道還是那麼醇厚，橙黃透明的糖漿遇冷凝結，包在一串鮮紅的果實上，宛如一串琉璃瑪

攝影：郭蘭

瑙。那天，我就舉著這串晶瑩剔透的琉璃瑪瑙遊遍了美麗的南湖。照片上，我手裏的「瑪瑙珠」越來越少，不用問，那缺失的「珠子」一定是被我吞進了肚裏，以其最深刻最直接的方式印在了我的記憶中。

穿過九曲橋來到湖心島時，天色已經暗淡了，雖然從前的土壩已經被修成整潔的石堤，我還是一眼就認出了當年我們定情的那棵斜伸進湖面的垂柳。那時，我們在這棵樹下卿卿我我，在這棵樹下拌嘴吵架，又在這棵樹下拉手和好，這顆垂柳見證了我們的相愛相知，如今我們已經攜手走過了二十春秋，

二十年後，我們從遙遠的歐洲回到它的身邊，讓見證過我們如火如荼青春歲月的它再一次見證我們今天的平淡與幸福。撫摸著樹身，夫君感慨地問道：「老垂柳呀你怎麼變得這麼粗？」我說：「二十年了，連你我都變粗了腰身，更何況柳樹！歲月不光增長了我們的年紀，也粗壯了樹的年輪。」

再過二十年，我們來相會。二十年前說這句話的時候，以為那一天離我們還很遙遠，現在看來，二十年真是彈指一揮間，故鄉的南湖，故鄉的垂柳，再過二十年，我就六十二歲了，但願那時的我依然步履穩健，我會再來看你……

攝影：郭蘭

偶像七十歲

　　吃過早餐後，清靜下來的我啜著紅酒翻開當日的晨報，猛然看見在報紙正中醒目的位置上刊登一張老人的照片，儘管老人的臉上溝壑縱橫盡顯滄桑，可那深情的目光，那嘴角一抹不羈的微笑竟然那麼熟悉。我心裏一陣狂跳，他的名字脫口而出：佐羅！一看文章的標題：「冷酷天使七十歲」，果然是他，那個多年來不知入夢多少回的冷酷騎士，天使和佐羅的扮演者阿蘭德龍！過了今天，他就七十歲了，他怎麼也會老？誰都可以老去他卻不可以！他是我心中永遠的騎士。當年那個不諳世事的小女孩雖然從電影院裏走了出來，走了很多年了也未走出他營造的夢境。影片結尾，在激揚奔放的主題曲「啦啦啦，佐羅──」的回聲中，他身著披風，懷抱著心上人策馬遠去的背影已經深深刻在了她的心裏，從那以後，一個清晰的夢境就在心裏定了格：一個冷酷的天使，一個驃勇的騎士，不由分說把她掠到了馬背上，然後一路奔，劫富濟貧，浪跡天涯……

　　如今，七十歲的偶像頭髮已經花白了，鏡中的自己也已不再是愛作夢的那個小女孩兒，但是又有誰知道，心中那份情懷，也許到了七十歲仍然存在。佐羅，天使，阿蘭，你可以七十歲，可以八十歲……但你不可以老，你老了，有誰還能駕馭我夢中那匹紅鬃烈馬馳騁天涯？

不管你變成什麼樣，只願你快樂一生

　　上個世紀的1980年，一對金童玉女從銀幕上走進了婚姻的童話。

　　他們在別人的故事裏曾經演繹了數不清的生生死死的愛情，男的英俊挺拔，女的清純如花。

　　後來，他們揮手告別了銀幕上的生死戀，攜手步入了現實的婚姻。

　　如今，二十五年過去，彈指一揮間，那對金童玉女今何在？他們感情的路上可有風霜雨雪？

　　看了這張照片，我的心被他們相濡以沫的情懷感動著，縱使歲月已經在他們身上臉上刻下了深深的印記。

　　可是，雖然歲月如利刃，可它面對一代人的成長成熟，面對一對夫妻的依偎扶持，面對一個家庭的責任，這把利刃竟然也顯得那麼鈍銹無力。

　　美哉百惠，美哉友和！

　　誰都有年輕的時候，誰都有老去的一天。

　　單純年輕不是資本，僅僅老邁也不必悲嘆。

　　人生是否富足，關鍵看你是否真正用心生活過和愛過。

　　不管你們變成什麼樣，我都在心底祝福你們，你們的愛情也許不如你們銀幕上演繹的那樣轟轟烈烈，但你們健康快樂，彼此坦蕩相愛。

　　在你們二十五年如一日的感情世界裏，歲月算得了什麼？衰老算得了什麼？人生在世誰無老，創造童話能幾人？

　　在迄今為止的二十五年裏，你們做到了，多麼希望你們能把這個童話一直維持下去呀！

　　人生不過一百年，哪怕一個九十七歲死，奈何橋上等三年……

人見白頭悲，我見白頭喜

　　從捷克開完筆會回到柏林後，我去探望一位身染惡疾的朋友。她原本就不胖，如今更是瘦得不敢認了。她說她很餓，我就起身去廚房為她下了麵條，見她狼吞虎嚥的樣子，我又是一陣心酸，就隨口問她還想吃點什麼，她很高興地回答說：「餃子。」

　　幾天後，我端著專門為她包好的餃子送到她家，她丈夫告訴我，前一天的中午，她突發腦溢血已經離開了這個人世，離世前最後一頓清醒時吃的飯就是我給她下的麵條，讀的最後一篇文章是我那篇獲獎作品……

　　德國教會為她組辦了很溫馨很祥和的葬禮，面目慈祥的牧師用詩一般的語言娓娓總結了她的暫短卻優秀的人生，然後她的教友們為她哼唱輕鬆悠揚的催眠曲，期間不停地有朋友絡繹不絕地前來在她那張微笑著的清秀的遺像前獻上鮮花，最後，追思會在一片悠揚的鐘聲中結束了。所有這一切，都讓前來弔唁她的人感到，正當英年的她，真的是在大家的祝福聲中一步步升到天上那無憂無慮的美好世界去了。讓我措手不及的是後來的遺體告別儀式，令我的心理無法承受那樣的落差，她那尚且年輕的遺容讓我心如刀絞，難以用語言來描繪，我也不忍用語言來描繪。猛然間，覺得生命真是很悲哀很無奈，誰都想好好活著過好每一天，可誰也不知死神究竟藏在哪個角落在覷覦你。

　　那以後，就是一連幾夜的失眠，整宿整宿無助地捱過漫漫長夜，黑暗中，很多恐懼一齊向我襲來，恐懼病痛，恐懼死亡，恐懼疾病帶來的眾叛親離，恐懼人生的一切意外變故……。

　　至今仍記得那夜的失眠尤其過分，各種對付失眠的老辦法都試過了，頭腦依然清醒，想像著以前躺下就進入夢鄉，從不知失眠為何物的日子是何等的幸福。晚上十一點躺在床上，輾轉復輾轉，無法成眠，起來打開電腦，遇到老朋友，本想請教幾個電腦技術問題，她說打字說不清，致電吧，我想，反正也睡不著，致電就致電吧。兩個女人電話一通就漫無邊際了，聊了電腦聊人心，然後就感慨世風日下人心不古，你我情節高尚之人豈能同流合污？不知不覺已經是午夜三更，雙方早已哈欠連天，各道珍重。本以為放下電話就能安然入睡，可是可是依然輾轉，在床上烙餅折騰煩了，就照書上說的安神偏方，起床熱了杯牛奶一飲而盡。躺在床上，依然輾轉復輾轉。想起以往每每情之所至，夜光杯裏自斟上滿滿的葡萄美酒，細品慢飲之後，就是飄飄欲仙的美妙感覺，那時，或放筆或酣眠，釅釅的紅酒從沒令我失望過。於是，立刻下床，新開一瓶法國波爾多干紅，揀一只大號酒杯為自己滿滿地斟上，雖不是一飲而盡，幾大口吞下也不乏豪爽。這個夜晚真是奇怪了，除了胃部略有燒灼的不適，竟然沒有絲毫發飄的感覺。躺下為自己唱催眠曲，做放鬆操，仍然了無睡意。只好又打開電腦，此時已是次日的早晨，外面上早班的引擎已經發動，我卻點擊Google搜尋著治療失眠的秘方，然後依照秘方搖頭晃腦做催眠操，除了脖子酸頭暈，仍然睡意全無，又按照偏

方搓腳心，直搓得我手指頭腳底板都火辣辣的，卻越搓越興奮，面對失眠，我無奈了……

　　以前街頭見到蹣跚的老者，我會嘆息：這麼老了，可怎麼生活呀？難以想像自己老時候的樣子；如今，再看到老人們，我會為生命所感動，會對他們漫長的人生心生敬畏，我會欣喜地想：能活到這麼老，多不容易呀！不知道我自己能不能像他們一樣，平平安安地走過這麼多平常的歲月？既然人生無常，還是順其自然隨遇而安吧，心安理得坦坦然然地面對每一個普普通通的日子，不圖大富大貴，只求無愧我心。

一路美麗一路歌

　　曾經以為人生苦短，活著就要開心放縱，不要讓自己的軀體和精神受任何的拘囿與委屈，什麼修身養性，什麼減肥塑身，統統都是為他人的感覺和目光所累，人應該是為自己而活，管他人P事！於是，似乎看開了一切，縱欲無度，縱情聲色，只是這個「欲」囊括了人生的各種欲望，豈是一個性欲情欲所能滿足？這個「情」更是包含了多少世事的隨心所欲，豈是一個愛情親情所能感動？

　　對於走完了人生的人，人間的一切都歸於沉寂，成敗榮辱和喜怒哀樂都是過眼雲煙；對於仍然在人生路上躑躅前行的人，要走的路還不知有多漫長，怎能在生之使命未完之時就得過且過？如此說，健身房還是要堅持去，哪怕是勞其體膚地大汗淋漓，為的是換來健美的身姿招搖過市；如此說，面對珍饈美酒，還是要勒緊褲帶，哪管饑腸轆轆口內津液橫流，為的是在他人艷慕的眼光中洋洋自得地品味自我。所以，只要活一天，就要保持健康的身心，既然生活還在繼續，走在這條路上的我們，還是要一路美麗一路高歌地前行，不光為自己，還要為共同走在這條路上的同行者。

舊衣與故人

　　常言道：衣不如新，人不如舊。可是這句話卻不大適合我，因為對我而言，衣服和朋友一樣，都是老的好。

　　老朋友曾經與你親密無間、無話不談，他瞭解你的心情秉性，懂得欣賞你、包容你，縱使多年不見，再相逢，笑貌音容仍然毫不陌生，宛如昨日。同樣道理，舊衣裳曾經與你耳鬢廝磨、肌膚相親，它洞悉你的身材、知道你的冷暖，總是在你輕鬆隨意的時候陪伴你，哪怕在很正式的場合，穿上它，你也許會失去爭奇鬥艷大出風頭的機會，卻能夠贏得精神的放鬆和坦然，因為你不必處處小心哪裏滑脫的肩帶，哪裏洩露了春光。

　　通常意義的舊衣服不一定是價值連城，但一定是質樸實用且柔軟熨貼，冷了穿上不嫌累贅，熱了脫下不覺惋惜，穿在身上不怕褶皺，脫下時不必費心收存，回到家裏，你可以隨意把它掛在你看得見摸得著的地方，出門時一伸手就能夠到。喜歡穿舊衣服就像願意和熟悉的朋友在一起，不必顧慮言多語失，不必擔心形象受損，嬉笑怒罵皆成樂趣。

　　喜歡舊衣並不意味著要排斥新衣，就像思念舊友並不影響結交新朋一樣。對時尚的追求是天下女人共同的心願，當然我也不能免俗，閒暇約上好友親朋逛街血拼也是一大消遣方式，往往將入得法眼的新衣置回家，站在穿衣鏡前孤芳自賞幾回，心血來潮時也會在朋友聚會時套在身上博得一番喝彩，可舉手

投足間的那份拘謹和彆扭豈是幾聲讚美就能抵消？況且穿上時髦靚衣必得足登高跟美鞋才匹配，又有誰知，那份身材的娉婷裊娜需用纖纖玉足趾尖所承載全身的重量所換得？所以，每每聚會結束，回到家裏第一件事就是迫不及待地甩脫高跟鞋，卸下新衣裳，想都不用想就會抓起平時穿慣的舊衣套上身，或躺或臥，或倚或坐都是一個舒適愜意。就像面對一個多年老友，言深語淺他都不會介意。

　　我的衣櫃裏也許沒有舊衣的一席之地，那裏琳琅滿目地存放著的都是些一水都沒沾過的時髦新衣，但這並不影響我對舊衣的偏愛與執著。新衣襯托你的氣質與風度，舊衣安撫你連日勞頓的身軀，不管有多少場合需要你身披彩衣華服去應付，但身著舊衣出現的時候，一定是和最親近的人在一起最放鬆自我的時候。

　　既然生活是豐富多彩的，支撐生活的你我他也該是千差萬別、心性萬千的，你的精彩紛呈、風情萬種是生活，我的天高雲淡、率性輕鬆又何嘗不是生活的另一番風景呢？

理想媽媽禮讚

　　一位朋友在網上發帖詢問：什麼樣的媽媽才是理想的媽媽？就她的問題，我是這樣回答的：

> 我認為，理想的媽媽應該是：
> 為孕育孩子而不惜犧牲美麗的那個女人，
> 為生育孩子不惜忍受煉獄之苦的那個女人，
> 為養育孩子甘願吃苦受累甚至犧牲自己的愛好樂趣的那個女人，
> 孩子成功時為他驕傲欣慰，他失敗時伸手相扶的那個女人，
> 孩子幸福時被他遺忘，不幸時又被想起的那個女人，
> ……
> 理想的媽媽不管培育了多麼優秀的兒女，
> 卻是為社會輸送了棟樑，為他人養育了配偶，
> 到頭來，只有和自己的老夫相依相伴的那個女人……

老父海關發雄威

　　退伍軍官出身的老父第一次出國，一路上經過九個小時的飛機行程，仍神采奕奕。在轉機海關安檢的時候，他穩健的軍人步態吸引了海關警察的注意，警察把七十多歲的父親叫到一旁，讓他抬起雙手檢測，父親極不情願地兩手平伸接受檢測，而後，警察又讓父親把手舉過頭頂再查，父親轉頭不解地看著我問：「他是不是要我做投降的姿勢？」得到我肯定的答覆後，父親三下兩下把自己的外衣脫掉摔在警察的腳下，嘴裏氣哼哼地說：「手我是不會舉的，這回讓你好好看清楚了！」可是那位英俊的年輕警察還是不依不饒，讓父親摘掉禮帽再查，這下徹底惹火了倔老頭，只見父親摘下帽子以迅雷不及掩耳的動作扣到了警察頭上，他這一舉動把我們都驚呆了，繼母急忙上前拉住氣哼哼的父親，為了不引起衝突，我只好向警察解釋：「我父親以為你喜歡他的帽子，他說送給你作紀念。」才把事態平息下來。

　　接父母出國，本來是想讓他們接觸一下不同的社會環境，可有時往往適得其反。個中緣由，不是我們一句兩句話就能解釋清楚的。

那一天，我三十九歲

2005年的2月23日，實在是個值得書寫一筆的日子。

雖然年年有今日，可那年的生日對我來說，意義卻是難以言說的，因為，那是我三十歲年齡段的最後一個生日，過了這一天，我的人生就該進入青春的尾聲了，哪怕我是那麼的不甘心，從今後，我都不得不為自己的青春歲月進行倒計時，每個黎明的日出和黃昏的日落，都會在我心裏迴響一聲祭奠般的嘆息。嘆息了又嘆息，三百六十五個嘆息後，又將迎來下一個生日，那是步入中年的門檻，從此，哪怕我擁有三十歲的容顏二十歲的心態，歲月的年輪都會無情地寫著我人到中年的事實。

還有很多的情懷沒有抒發，還有許多的夢想沒有實現，真的人到中年了嗎？夢裏常清晰地夢見考大學的情景，總以為自己還有機會重新選擇一次專業；少女時代那個騎白馬的王子也經常在午夜光顧我的夢境，就以為今生似乎還有機會遇見他，聽他唱著動聽的情歌，然後被他的白馬馱向海角天涯……還有還有那麼多的美麗願望，都來不及實現了嗎？步入中年的我，黑髮會一天天變白嗎？皮膚會一天天鬆懈嗎？腰身會一天天粗壯嗎？思維會一天天愚鈍嗎？可是可是，為什麼時至今日，我仍然喜歡吟誦愛情詩篇，仍然信口胡謅浪漫情話，仍然沉迷海闊天空的遐想，究竟是什麼阻礙了我的心智成長，是時間還是我自己？

上午送走了孩子們，我讀了一篇葉廣岑的小說〈廣島故事〉，那淡淡的筆觸下濃濃的情感讓我唏噓不已，她對生活的理解如此深刻獨到，她對故事的描述功底更是力透紙背，一時間，我被感動得淚流滿面。抹著淚水，我為自己慶幸，還好還好，還能為別人的故事哭天抹淚，這說明老還未至。

放下小說，就被相依相伴了十八年的丈夫擁進懷裏百般溫存千般撫愛，直至愛的火焰一寸寸燃遍整個身心……雖然新婚的激情早已不在，可那水乳交融的理解與默契是十八年歲月的豐厚饋贈。

寒風拂面，已不再年輕的我們迎著晚冬的漫天飛雪，相擁著步入一家義大利餐廳，頭上是溫馨的燈光，桌邊燃著浪漫的燭火，我們各自守著面前一盤風味不同的挪威烤蝦，又向第一塊，爭相送往對方的嘴裏，望著坐在對面的他，我的手指輕輕落在他眼角的紋路上，淚水又不爭氣地湧上眼眶，這就是我的親人我的丈夫，雖然自己缺乏浪漫神經，十八年來卻不離不棄地守護著我的童心和浪漫，在他強健羽翼的護佑下，我遠離為生存奔波的憂愁和煩惱，更不知世俗的競爭傾軋為何物，雖然鏡子裏的容顏在提醒我歲月的流逝，可我的內心，一如剛和他的初相遇，那一年夏天，我一襲白裙他一身白衣，他挺拔我玉立，二十三歲的少年握著二十一歲少女稚嫩如蔥的雙手，久久不願放開，那一刻，我們有誰想到，這一握就會攜手走過了十八年的今天？

十八年的數字很小，十八年的歲月綿長。十八年就是三百六十五個晝夜銜接了十八回，十八年也是十二個月圓月缺

了十八次，十八年更是春夏秋冬交替了十八輪……人生還有幾個十八年呀，在我們的人生歲月裏，即使還有第二次第三次的十八個春秋，那記載著我們青春夢想和創業勇氣的十八年還會重現嗎？

淌過十八年的歲月長河，當年漫步在中國北方綠草湖畔的那一對白衣白裙的少年少女，已在遙遠的歐洲大陸為人父母安家立命。今天，我三十九歲，坐在對面那個一直笑盈盈看著我的他，早在幾個月前，就跨過四十周歲的門檻了，縱使時光還會繼續流逝，然而，此一時此一刻，會在我的心裏定格，直到永遠……。

家有愛貓

　　小女莉莉過七歲生日的前夕，按照習慣父母是應該滿足她一個生日願望的。今年她提出的生日願望有些棘手，要麼是一個掌上遊戲機，要麼是一隻真的小貓。掌上遊戲就算了，我中文學校裏的孩子玩它上癮已經被我明令禁止帶到學校裏來，不讓人家的孩子玩，難道能遷就自己的孩子不成？可是養小貓對我來說一樣有難度，我是個簡單率性之人，對小動物雖有關愛之心卻缺少那份精力。畢竟是一個小生靈，帶回家裏就是家裏的一員了，就要費心地照顧牠的吃喝拉撒，餓了給飯吃，渴了給水喝，熱了給降溫，冷了添棉被，感冒拉稀還得帶牠看醫生，媽媽咪呀，有那份閒心我還不如再生一個兒子來養呢！本來是想和妹妹商量怎麼哄騙小女再換一個要求，沒想到妹妹竟然來了興致，大包大攬地說：「孩子要就給好了，你沒時間我來幫你養，你就負責選貓就是了，別的什麼都不用管。」外甥女丁丁一聽小表妹要養貓，而且還把養貓基地設在她家裏，就不幹了，非要再養一隻自己的貓咪不可，我就只好替她們姐倆尋兩隻回來。

　　事有湊巧，那日上網，無意中看到一個求救帖子，是兩個小留學生養的波斯貓和別人家的英國短毛貓生了兩隻雙胞胎兄弟，才三個月大，黃裏透白的毛茸茸兩團，可愛極了，三隻貴族貓的開銷外加鄰居的投訴，讓這兩個孩子無所適從，遂網上

求救，替他們的貓咪尋個妥善的去處，最好不要分開。我一看照片就喜歡上了這兩個小東西，立即打電話拍板了，只是他們住在法蘭克福，距柏林還有遙遠的距離呢，特快列車一站不停也要疾馳四個半小時，那車費算起來竟然比貴族貓還貴，瞧這個生日過的！

　　算來算去，還是周末家庭票比較划算，妹妹一家三口特意在周末起個大早，幾經周轉趕到法蘭，貓的兩個小主人已經等在站台了，簡單交代了一番，他們又乘坐同班火車回轉到柏林，折騰到家裏已經半夜了。在小女的一再懇求下，第二天一早，妹妹又不顧旅途勞頓，把哥哥貓裝在特製的寵物旅行包裏送了過來，看到牠怯生生的樣子，讓人心裏不由得彌漫了憐愛的感覺。放下旅行包，我們倆馬不停蹄地前往商場給牠們購置生活必需品。

　　我和妹妹正充滿好奇地在寵物專區瀏覽著琳瑯滿目的貓族用品，忽然接到已放學回家的大女兒的電話，只聽她帶著哭腔告訴我：「我們的小貓不見了！包裏沒有，樓上樓下我都找遍了，也沒有……」我忙趕回家，只見兩個小姐妹正灰頭土臉地滿地打滾地找小貓呢，我安慰她們說：「牠還小，走不遠的，肯定是認生，躲在什麼地方，等餓了自己就會跑出來了。」說著，我拿來手電，隨便往沙發底下一掃，就見一個毛團團縮在角落裏，大女兒鑽進去，頂了滿頭的灰塵把小貓抱了出來，只見這小東西在她懷裏驚嚇得瑟瑟發抖，小女兒輕輕撫摸牠的頭，牠玻璃球一樣的大眼睛定定地看著我們，眨了幾眨，一行清澈的淚水竟然奪眶而出。一見這陣勢，兩個孩子急得不知所

措，大的驚叫：「天呀，牠在哭，媽媽你看牠多麼傷心呀！」小的也喃喃自語：「你是想你的小弟弟嗎？不要難過，讓我媽媽把他也接過來陪你玩好嗎？」我覺得兩個孩子的分析很有道理，就打電話詢問弟弟貓的情況，妹夫告訴我，自從送走了哥哥，弟弟就在家裏一刻也不停地喵喵叫著尋找，已經不吃不睡地尋找一整天了，把小主人丁丁心疼得直哭。我提議說，索性把牠們兄弟倆都暫時放在我這裏養吧，等牠們略微適應了我再把弟弟送回去。妹妹說，那你得等丁丁睡著了再來取。放下電話，我就連夜開車去接弟弟貓。出門時，見兩個女兒已經穿戴齊整非要跟著一起去接貓咪。開到半路上，小女就在後車座睡著了，她一定是找貓累的。上樓取貓的姐姐回來告訴我，弟弟凱真是太可愛了，牠認出了早上裝哥哥走的旅行包，見女兒拎著它進屋後，他自己主動跳了進來要隨姐姐回家，我猜想，牠也許在姐姐身上和旅行包裏嗅出了牠哥哥的味道。

　　回到家裏，哥哥又不見了。凱倒是不認生，進來就從樓上嗅到樓下。我們雖然找不到牠哥哥，可是凱喵喵叫的時候，總能隱隱約約地聽見一聲怯怯的回應，兩個孩子這下放心了，互道晚安之後，回到各自的房間休息。睡到半夜時，小女兒拖著她的枕頭被子跑下床告訴我：「我要上樓和姐姐睡，凱在我被窩裏，我害怕。」說心裏話，深更半夜的，牠要鑽到我的被窩裏，我也會害怕的，看來真正接納這兩個家庭新成員，我們還未做好充分的心理準備。

　　我關好門，不讓凱進來擾我好夢。就在我剛剛進入夢鄉之時，就被樓道裏一陣撲通撲通的聲音驚醒了，氣得我翻身下

床，打開門，見凱正在門外撒歡打滾呢，我把牠關進對面小女兒的臥室，一回頭，見他哥哥司徒皮爾西正大模大樣地端坐在樓梯上怒視著我，我又驚又喜：「司徒皮爾西你終於出來了，見弟弟來了高興吧？要不你也進來陪弟弟吧！」牠不理不睬，扭頭又要走開，我生怕他藏起來又找不見，只好妥協地又把凱放出來，任他們興奮地折騰吧。這一夜，我是別想睡踏實了。

原本貪睡的小姐倆因惦記著貓咪，也一大早就醒了，紛紛跑來向我報告，這回是兩隻貓咪都失踪了。我早沒了耐心，匆忙打發她們上學，回來又拎著個手電四處照，終於在樓下的貯藏室裏發現了牠們，牠們怎麼專往平日不衛生的死角裏躲呀？為了這兩個小東西，我只好無奈地又用吸塵器樓上樓下旮旯犄角清理個遍，打掃乾淨了牠們愛鑽哪就鑽哪吧。

晚上我出去給女兒買香腸回來，一進屋就見到了讓我震驚的一幕：只見凱坐在餐桌上，小女兒莉莉正用小勺和凱不分彼此你一口我一口地吃著巧克力醬。女兒見到我還得意地說：「我愛吃的東西凱也愛吃，我喜歡凱，我要和丁丁換貓咪。」正說著，我已經把熱好的香腸端給莉莉，莉莉拿起一根剛要送到嘴裏，就被凱以迅雷不及掩耳的速度一爪子打到地上，然後又飛快地奔向香腸，嗅了嗅不對胃口，又跳回來搶莉莉手裏的黃瓜，嚇得莉莉哇哇大叫著端著她的餐盤跑上樓，把自己反鎖在房間才把晚飯吃到嘴裏。打開門，莉莉抹著嘴巴宣布：「凱已經不是我的好朋友了！」我說，沒問題，明天我就把凱給丁丁送回去。莉莉斬釘截鐵地回答：「不，就現在！」

就寢後，感到一隻貓咪躡手躡腳地走到我身邊， 我以為這一定是那只膽大妄為的凱，睜開眼剛要轟牠走，卻見司徒皮爾西驚恐地跳開，我忙又假裝把眼睛合上，瞇著一條眼逢偷偷觀察牠，只見司徒皮  爾西一步一嗅地來到我身邊，聞過我的臉又聞聞我的手，然後蜷縮在我身邊眼睛半睜半閉起來。我想，牠東躲西藏了兩天，也難為牠了，就讓牠在我身邊安眠吧。我和愛貓司徒皮爾西就這樣互相依偎著度過了一個平靜的夜晚。

另：司徒皮爾西這個名字是姐姐露露給取的，好像是德語小心翼翼的意思吧，反正我叫著特拗口，哪像丁丁給愛貓取得名字凱那麼簡單順口呀，不行，這個名字得改。

外甥女丁丁已經給哥哥貓另起了名字，叫巴魯。巴魯在迪斯尼裏面是一隻憨熊的名字，倒是挺貼切的。

輯四

家有小女初長成

——圖解育妞

　　大女兒露露從懂事的時候起，就一再要求我們給她添個弟弟或妹妹，見我們對這個問題總是不置可否，有一次，她竟然把她未來的孩子都搬了出來。當時，年僅七歲的露露理直氣壯地說：「你總得讓我的孩子也有個小姨或舅舅吧？」正是她這句話深深地觸動了我，讓我體會了女兒對手足親情的渴求。在露露十歲那一年，她終於如願以償地得到了一個妹妹，連乳名都是露露給取得，沿用了她心愛的布娃娃的名字——莉莉。

　　這個瓷娃娃樣的小女兒一降生，就得到了全家人的萬般寵愛與關注。在莉莉三歲的時候，一個偶然的機會，促使我把養育她成長的點滴趣事記錄下來，配上相應的照片，陸陸續續地刊登到德國最大的中文網站上，每次更新都引來一片回帖讚嘆，這篇類似日記樣的東西一度被年輕的媽媽們譽為「德國育兒指南」。由於是網上匿名發表，我這名資深媽媽被她們稱為「妞子媽媽」，小女莉莉自然就被愛稱為「妞子」，我的文章也成了「育妞日記」。我打算把這篇「育妞日記」堅持寫下去，直到妞子長大能看懂那一天。

喜幸孩「遇險」記

　　時光荏苒，一轉眼我這小小的妞子都三歲多了，孕她生她養她的點點滴滴都歷歷在目，那些難忘的經歷，真的彷彿就在昨天。

　　妞子生下來只哭一聲，然後就伏在我的懷裏吸吮自己的拇指，不會睜眼睛時就會笑，見誰都笑。一個北京的老朋友稱妞

子為「喜幸孩兒」。某天，該老兄在高速公路上超速與警察鬧得不愉快，下高速就跑到我這裏看妞子笑，說一見喜幸孩兒，被警察惹得氣就消了。

她還在襁褓裏的時候，我挎著躺在嬰兒籃子裏的妞子逛百貨大樓，一位龍鍾老太一直跟著我們，從一樓跟到四樓，連我到衛生間給妞子換尿片她都跟進去，最後對我說：「我從未生過孩子，只養貓兒，看到這個瓷娃娃，我才意識到自己年輕時有多愚蠢，你的瓷娃娃會看著我笑，而我的貓兒卻不能⋯⋯」聽了她的話，我立刻緊張起來，慌慌張張地逃離了百貨公司，我真怕這個孤獨的德國老人一時衝動，趁我不備時將我的瓷娃娃偷回去當寵物養，現在一想起那老人看妞子時欲罷不能的眼神，我還心有餘悸呢。

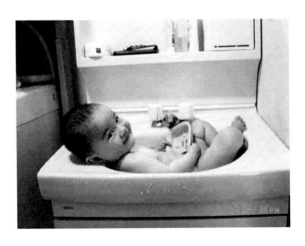

幾個月大的莉莉洗臉盆裏都放得下

妞子遲緩的語言和驚人的記憶力

　　受雙語言環境的影響，妞子的語言能力發育相對遲緩，平日裏別看嘴裏唸唸有詞地說得眉飛色舞，可她那中德文參半又毫無規律可循的語言常常是讓中國人聽不懂、德國人不明白，女兒的話只有妞子媽媽能理解，關鍵時刻，少不了妞子媽媽為妞子充當翻譯。為此，妞子爸爸常誣賴我杜撰妞子發言，其實，這不過是他嫉妒我們母女連心而已。別看我家妞子貴人語話遲，可幾件事情證明，妞子竟然有著驚人的記憶力，她總能用最簡潔最直接的表達方式把她所記得的事物表達出來。起初連我都難以置信，難道她小小的腦袋瓜裏竟能記住如此紛繁的人和事嗎？

　　就從妞子媽媽一頭闖進這個網站發帖說起吧。

　　因為這個網站頁面清爽一目了然，所以，很久以來這裏一直是我喜歡光顧的網站，直到我偶然發現，每當妞子看到網友的個性圖片尤其是動畫簽名時，就高興得眉開眼笑，從那以後，我就經常登入這裏，為妞子搜索動畫圖片哄她開心。

　　幾天前，當我和妞子又一次登陸搜索圖片時，妞子突然興奮地指著一張小男孩的照片大喊「媽媽，快看，小哥哥！」我很不以為然，以為不過是她對所有小男孩習慣性的統稱，於是繼續搜索，可妞妞卻不依不饒地叫著：「還要看小哥哥！小哥哥洗澡了，妞妞也洗！」這通沒頭沒腦的話令我心下疑惑，只好退回去仔細看「小哥哥」的照片，這一看不要緊，簡直令我吃驚不小，再看發帖者娃娃媽的文字，不錯，是他們母子！

原來這帖的樓主娃娃媽竟然是我的舊相識。

兩年前，我曾帶妞子千里迢迢去她家小住幾日。白天，兩個小兒女常常玩成兩個小泥猴，晚上我們就把他們撒進浴缸裏，說是洗澡，其實就是放任兩個孩子撲騰水玩兒。後來，我和娃娃媽分別忙著大興土木地搬家換工作等一系列勞神事，就疏於聯絡了。沒想到，一別兩年後，網上巧相遇，雖然娃娃已然大模大樣地長成了小小男子漢，我若不細看還真認不出，卻沒逃過我家妞子的晶亮小眼，要知道，那年她才兩歲不到呀！

類似的事在妞子身上還屢次發生過。

在一個暖風習習的傍晚，我帶著妞子騎車兜風，穿過一個大公園又七拐八繞地兜過幾條小街，然後打道回府。就在我掉頭往回騎的時候，一直安靜地坐在後座裏的妞子突然大哭大鬧道：「妞妞不要回家，妞妞要去找迪娜玩！嗚嗚嗚……」聞聽此言，我不由得又吃一驚，方意識到再過一條小街就是她的小朋友迪娜的家，一年前我曾帶妞子來參加過迪娜的生日派對，沒想到小小的妞子連話都說不明白，卻能這麼準確地認出她一年前曾來過的地方。

妞子和鳥兒

那還是在妞子蹣跚學步的時候，一次牽著她溫溫軟軟的小手在附近的林間漫步，這時，妞子聽見樹上有鳥兒在嘰啾鳴叫，就好奇地停下腳步，揚著小腦瓜東張西望地尋找。為了讓她看得清楚些，我蹲下來，和小小的妞子臉對臉地指給她看，

也不管她是否聽得懂，就像話癆一樣嘮嘮叨叨：「妞妞你聽呀，那是鳥兒在唱歌，鳥兒唱得真好聽是吧？妞妞你看呀，樹梢上那跳來跳去的就是鳥兒，鳥兒的家就在樹上，鳥兒好漂亮是吧？我們和牠們說哈囉好不好呀？」妞子睜著亮晶晶的圓眼睛，循著我的手指驚奇地看著鳥兒，又看看我，然後她也學著我的樣子蹲下來，吃力地仰著小脖看。我無可奈何地告訴她：「妞妞你不要蹲著拉，很不舒服的，媽媽用這個姿勢是為了遷就你，誰讓你還這麼小，你站起來才能看得更清楚。」可妞子就像沒聽見一樣，依然蹲著看樹上的鳥兒，我猜想她肯定是沒聽懂我說的話。

　　直到今天，妞子一看到鳥兒就蹲下，然後小手一指告訴我：「媽媽，快看，鳥鳥，會唱歌的鳥鳥，好漂亮的鳥鳥，是嗎？」我實在不知該怎樣跟她解釋：看鳥兒時，是不必蹲下的。

「犯了」的中式早餐！

　　妞子去幼稚園都一年了，還是不說話，老師比我還著急，為此經常找我商談解決妞子在那裏不說話的問題。我倒是不以為然，雙語環境的孩子嘛，得允許她有個適應的過程，因為我知道她雖然不說，但老師說的她都懂得，這就說明她還在學習中。一天我接妞子時，她的老師興奮地告訴我，妞子終於大聲地說了兩個字：「犯了」，而且還說了很多次。老師問我，中文裏這是什麼意思呀？我絞盡腦汁也沒明白妞子是要說什麼，問她自己，她也一副不知所以的樣子。就想，也許是妞子嫌吵，

說「煩了」，或者哪個小朋友打翻了東西，她要向老師告狀說「翻了」，而德國老師學舌時又發不準中文的四聲，如此而已。

　　妞子的幼稚園有個不成文的規定，一個星期裏，要有一天是家長們輪流為班裏的孩子準備早餐。在輪到我的時候，老師提議，要感受一下中國式的早餐，我說中式的又蒸又煮的，幼稚園裏的廚具也不應手，湯湯水水的帶起來又不方便，索性我就請老師和孩子們到家裏來吃頓早點吧，順便也讓妞子當一回小主人，在自己家裏，她理直氣壯了，也許從此就能開口和你們說話了。幾位老師聽了，拍手回應，連說，在中國家庭裏享用正宗的中式早餐，真是再好不過的主意！

　　這件事說起來輕鬆，真正運作起來還真是個不小的動作。頭天我就上街採購，連夜燒燒煮煮，蒸小豆沙包，包小湯糰……，為了防備二十來口大小德國佬實在享用不了中餐，我還得另備一些德國麵包香腸奶酪雞蛋酸奶之類，以備不時之需。第二天一大早，天還沒亮我就得早早起床，該溫的溫，該熱的熱，該擺的擺又是一通神忙。直等到老師領著一隊小人馬浩浩蕩蕩地駐紮進來。這時的妞子儼然是一班之主的小樣子，主動幫著老師給小朋友們分酸奶，人家要紅色的她偏給黃的，要黃的偏給綠的，邊給還邊用中文嚷嚷：「不你的，我的！不你家，我家！」好在孩子們一個個都是訓練有素，老師們也各負其責，加之我這個當媽的充分準備，整個早餐倒也進行得井然有序。

　　孩子們水足飯飽地更衣告辭時，那位老師又提醒我說：「妞子媽，你快聽，就是這兩個字，妞子又在喊了。」我忙跑過去看究竟，只見妞子指著一個男孩不停地大聲說「反了！反

了！」又回身指著另一個女孩的腳喊到：「反了，反了！」一見這情形我才恍然大悟，原來妞子是提醒小朋友們把自己的鞋給穿反了。說起來，妞子在班裏還是小字輩的，可她竟然一次都沒把自己的鞋子穿錯過。

不是警察車，是的士！

妞子一直分不清警車、的士、救護車等等一系列帶特殊標記的汽車，就統統稱之為「警察車」。每當她張冠李戴叫錯的時候，我就及時地糾正她：「這不是警察車，是XX車」。一次，德國鄰居的老夫婦要去度假，叫了計程車來家裏，妞子指著停在門前的的士說：「奶奶家的警察車。」我說：「警察車是綠色的，黃色的是的士。這不是警察車，是計程車。」「這不是警察車，是計程車。」妞子聽話地重覆了一遍。從那以後，妞子每次看到計程車就告訴我：「這不是警察車，是計程車。」看到救護車就說：「這不是警察車，是救護車。」我正為自己的育兒經驗沾沾自喜時，一次妞子看到真正的警車了，她竟然也說：「這不是警察車，是警察車。」原來，她竟然把前面那個否定句當作所有汽車的定冠詞了。

「不你的，我的！」

妞子說中文從來不加系動詞「是」，最典型的就是和別人爭東西時乾脆俐落的一句：「不你的，我的！」

小書蟲

　　妞子是個小書蟲，不管什麼書，只要有圖就能看半天，有時我想趁機對她進行啟蒙教育，給她講講書中的內容，她不但不愛聽，還用小手邊推我，邊對我說：「媽媽，nicht zu laut！（不要吵！）」她寧願一個人靜靜地琢磨書中的內容。如今稍大些，喜歡對著書裏的圖畫自言自語地給自己編故事，我時常不動聲色地側耳傾聽，常常聽到妞子所講的類似的故事：「小熊不吃飯，媽媽sauer（生氣）啦，小羊捧的拉，媽媽哄哄呀，巴拉巴拉巴啦啦……」我不禁啞然失笑，竟然都是平常發生在妞子自己身上的事情。

　　妞子不愛吃飯就惦記著糖，她爸爸寵她，給買她最愛吃的巧克力，買回來我就得藏起來，嚴格控制。妞子就經常趁我不

備尋找目標偷糖吃。注意她的嘴巴上面的一圈黑，就是偷嘴留下的痕跡。

得手了

飛離阿啦啦——妞子的最愛

　　德國有名的兒童音樂劇《小鳥的婚禮》曲調輕鬆優美，情節感人，尤其是主題歌更是我家妞子的最愛，可謂百聽不厭。歌中唱道：「一隻小鳥哥哥要舉行婚禮，飛離阿啦啦飛離阿啦啦，你知道牠會怎麼做嗎？飛離阿啦啦飛離阿啦啦，牠會飛到樹上唱那美麗的歌謠，飛離阿啦啦飛離阿啦啦，小鳥妹妹聽到歌謠就會飛到牠的身邊，飛離阿啦啦飛離阿啦啦，因為這個世界上的生靈，飛離阿啦啦飛離阿啦啦，無論是大還是小，飛離阿啦啦飛離阿啦啦，都不願孤獨一生，飛離阿啦啦飛離阿啦啦飛離阿啦啦阿啦啦……」妞子兩歲時，我給她買了一捲小鳥婚

禮的錄音帶在汽車裏放，她一聽見這個旋律就非常安靜。不久，妞子就能把整首主題歌的旋律哼唱下來，只是歌詞含混不清，那句過渡伴唱「飛離阿啦啦」倒是毫不含糊，以致後來養成了習慣，一鑽進汽車，就自己張羅著要聽「飛離阿啦啦」。那年聖誕，我們開車從北部到南方去度假，應妞子的強烈要求，六個小時的行程，這首「飛離阿啦啦」的旋律就一直在車裏回蕩 。趁妞子睡著的當口，他爸爸鬆了一口氣，剛換成一張舒伯特的小夜曲，哪成想，一曲還未聽完，妞子就在後座閉著眼睛大聲抗議：「Nein～～妞妞要～～飛離阿啦啦～～！」

注：這部音樂劇名叫「Vogelhochzeit」，由童話音樂劇作家 Rolfs・Zuckowski 創作並演唱。

主題歌是：「Ein Vogel wollte Hochzeit machen」
主要歌詞如下：

Ein Vogel wollte Hochzeit machen，
kennt Ihr die Geschichte?
Fidirallalla……
Dan singt doch mit und hoert euch an，wovon ich nun bericht!
Fidirallalla......
Ob grosse，ob klein，auf dieser Welt
ist niemand gern alleine，

Fidirallalla……
Was macht ein Vogel，der allein ist，
wisst ihr，was ich meine?
Fidirallalla……
Er sucht sich einen Platz im Baum
und singt die schoensten Lieder
Fidirallalla……
Und wenn er Glueck hat，setzt sich bald
ein Weibchen zu ihm nieder，
Fidirallalla……Fidirallalla……Fidirallalla……

　　妞子學電視裏的長笛演奏者，把自己的畫筆接起來當做演出道具，「演奏」時還咪著眼睛，不停地搖晃著小身體。

天爺爺打嗝了！

妞子再過三個月就滿四周歲了。和所有這個年齡段的孩子一樣，對身邊的一切都充滿了好奇，一個又一個「為什麼」更是令人應對不暇，簡直就是一個小小的「十萬個為什麼」，和她在一起，我真恨不能把自己變成一本百科全書。

昨天夜裏細雨緊密，伴隨著電閃雷鳴。一陣雷聲轟隆隆地滾過，妞子倚在我的懷裏，問題又來了：「媽媽，這是什麼？」

「妞妞不怕，那是打雷，一會就過去了。」我安慰她道。她似乎是沒聽清，反問道：「是打嗝嗎？」糾正妞子的漢語發音我一直是不厭其煩：「是打雷不是打嗝！。」接著妞子又問：「那是誰弄的呀？」我只好硬著頭皮告訴她：「你說打雷嗎？那是老天爺弄的唄。」 這時恰好又一陣雷聲滾過，只聽妞子煞有介事地說：「這是天爺爺在打嗝呢。」

妞子藏貓貓

妞子近來迷上了藏貓貓的遊戲，每天下午從幼稚園一回家就纏著我和她玩藏貓貓，每次都讓我先藏，她找，找不到就大喊：「媽媽，你說『皮撲』呀！」我只好憋著嗓子「皮撲」，只要她找不到，我就得不停地「皮撲皮撲」，直到她找到我為止。輪到她藏的時候，我明知道她肯定是藏在我剛剛藏過的寶地，可是我還得故作不知，裝模作樣地東尋西找，聽著她得意地「皮撲皮撲」地提醒我數次之後，才好像恍然大悟的樣子把

她找出來，她就興奮地拍著小手直蹦，以為是她耍了媽媽，她哪裏知道，媽媽是成心裝傻，故意讓她耍著玩的。

慷慨的妞子

我去南德出差時，在一家名牌玩具專賣店給妞子選了一隻精美袖珍的小松鼠，妞子一直喜歡松鼠。別看這隻玩具松鼠小巧，卻造型栩栩如生，妞子得到這隻松鼠後簡直是愛不釋手，睡覺時也要攥在手心裏，早晨去幼稚園更要堅持放在衣袋裏。接連兩天那隻松鼠都被她完整地帶回家來，有一次她還嚇唬我說松鼠丟了，不等我翻她的衣兜尋找，她就迫不及待地從自己的小鞋裏掏出來逗我：「搭搭搭～在這裏！」以後她再張羅帶松鼠到幼稚園去，我也就由著她了。上個周末，我去幼稚園接她時，她一見我就委屈地哭起來，原來她和小朋友瑪格麗娜一起玩時，她一高興就把松鼠送給了瑪格麗娜，等人家真的把松鼠帶回家，妞子又開始後悔了。我忙從老師那裏要到瑪格麗娜家的電話，卻連打幾次都是錄音，我只好留言說，我家小女把她心愛的玩具送給你家女兒了，現在後悔得直哭，希望你們能說服瑪格麗娜下回到幼稚園去能把松鼠還給妞子。第二天，瑪格麗娜的父親就回電話抱歉地說，小松鼠已被她女兒玩爛了，問在哪裏能給妞子買到一隻新的。當他聽我說起那隻松鼠的不平凡的來歷後，他表示說要上南德那家名牌玩具店網站查詢，可能的話給妞子郵購一隻回來。我想了想，玩具雖然珍貴，但

為了妞子和瑪格麗娜在幼稚園裏的交情，還是算了吧，只是以後有了經驗，對小小妞子的要求不能一味地信任遷就。

爸爸開BUS上班

妞子媽出差回國一個月，妞子和爸爸親密接觸。歸來後感到妞子的中文長進很大，尤其是做對了某件事，還沒等我這個當媽的誇獎，她自己就搶著說：「妞子真聰明呀！」一聽就是她爸爸的口頭禪。除了中文的長進，還有一個明顯的變化就是，妞子比以前任性不聽話了，尤其是早晨送幼稚園很難，任憑我費盡口舌，到後來，她竟說：「媽媽走開，妞子要爸爸！」這時，當爹的就說，不去就不去吧，和爸爸在一起好了。我意識到，造成這種局面的原因，就是那位當爹的一個月來盡情嬌慣的結果。第二天一大早，我就早早把妞子喊起來，她醒來第一句話就問：「爸爸呢？」我哄騙她：「爸爸上班了，今天媽媽送你去幼稚園。」其實她老爸正在書房電腦上呢，她一聽沒指望了，只好乖乖地隨我出門，我正為自己對付妞子的高明手段洋洋自得呢，妞子卻用小手指著她爸爸停在門前的汽車問我：「爸爸的Auto（汽車）怎麼還在呢？他今天開什麼上班的？」我沒想到三歲的孩子會提出這樣的問題，一時難以回答，只好支支吾吾地應付她：「這個……這個……爸爸今天開BUS上班……」

聖誕老爺爺穿幫了

不必感慨，時間真如白駒過隙，還是不要回首的好，讓時光慢點，再慢點溜走……

為了給妞子製造一個聖誕老公公的童話，在聖誕之夜特請來妞子的大小朋友一大群以及他們的家長們，然後委託一位朋友化裝成聖誕老人，在我的一手導演和策劃之下，趁孩子們喧鬧雀躍、大人們酒酣耳熱之際，背著大包小裹的禮物「從天

而降」。興奮的孩子們一擁而上，團團圍住聖誕老人，眼巴巴地盯著他盛滿禮品的大袋子，只有年齡最小的妞子，狐疑地望著聖誕老人，怯怯地喊道：「大張叔叔！」眼見我精心為她編織的童話即將穿幫，急得我一把捂住她的小嘴巴，在她耳邊小聲關照她：「這不是大張叔叔，是聖誕老爺爺，你再胡說，老爺爺一生氣就沒你的禮物了。」妞子聽話地不再喊聖誕老人「叔叔」了，卻左顧右盼地尋找起我們那位叫大張的朋友來。好在其他孩子的興奮點都集中在手中的禮物上了，誰也沒聽到妞子的提醒。這時，妞子終於等到了她自己的禮物，只聽聖誕老人憋粗著嗓門問妞妞：「你以後能聽媽媽的話，好好吃飯少吃糖果嗎？那麼這份禮物就是你的了！」妞妞接過禮物後，我

鬆了一口氣，卻聽妞妞小聲對我說：「媽媽，我看見老爺爺的手錶了。」我問：「老爺爺的手錶怎麼了？」妞子堅定地回答：「和大張叔叔的一模一樣！」

第二天，我帶妞妞到外面滑雪扒犁時，迎面又遇見一個騎摩托車的聖誕老人送外賣，妞子指著他對我說：「這個聖誕爺爺好醜，還是大張叔叔的聖誕爺爺漂亮！」

做父母的總希望孩子的童話永不破滅，可孩子總有長大的一天，或早或晚⋯⋯

每天面對她那雙洞穿一切的亮眼睛，真不是件輕鬆的事。

太陽哭了嗎？

今年的夏天是多年來德國同時期最酷熱的，整個夏天乾旱少雨，花園的草坪縱使每天都按時澆灌，又怎抵擋那炎炎烈日的曝曬？花兒蔫了，草兒黃了，就連路旁的大樹都難以幸免，收音機裏政府部門發出了緊急動員，號召居民每天自覺為自家門前的大樹澆三桶水。

連日的炎熱使得這個夏天尤其漫長，德國人一改以往夏日裏歡天喜地曬太陽的習慣，心裏似乎也在默默求雨了。企盼中，一場透雨總算從天而降。大雨中，我家妞子拍著小手雀躍著：「太陽哭了，太陽哭了⋯⋯」我問她：「太陽為什麼哭了？」妞子不假思索地回答：「因為小草太渴了！」

小草渴了，太陽哭了，降下一場甘霖，滋潤世間萬物，多麼深刻的哲理，多麼淺顯地表白，這就是我家四歲妞子的邏輯。

堵上我的嘴，妞妞怎麼長大呀？

我家妞子平時一到商場就張羅要巧克力蛋，愛吃那層薄薄外殼的同時，裏面各種各樣的小玩具也是她所期盼的。由於今年的暑期過長，巧克力蛋那層糖衣太薄，很多商場怕天熱導致那層薄薄的糖衣融化，暫時都不進貨，所以妞子已經很長時間沒吃到巧克力蛋了。

今天下午，我把妞子從幼稚園接回來後就直接帶她去超市買東西，她一眼就看到了收銀員身邊貨架上的巧克力蛋，就嚷著要。我耐著性子和她講道理：「媽媽會給你買的，可是媽媽還要買一些其他東西，如果現在拿給你會被你的小手玩軟的，等交完錢就不好吃了。」然而任憑我磨破嘴皮子她還是聽不進去，哭哭咧咧的就是執著地喊著要「玩具蛋蛋」。此時的我也被她鬧得失去了耐性，脫口對她說：「好了好了，我馬上買給你，好把你的小嘴巴堵上。」本指望讓她安靜下來，沒想到妞子一聽，反倒大哭起來，一邊哭還一邊委屈地反問我：「嗚嗚嗚……媽媽為什麼要堵我的嘴巴？嗚嗚嗚……你把我的嘴巴堵上了，我就不能吃東西了，妞妞怎麼長大呀？嗚嗚嗚……」

「期了嗎？」

妞子五歲了，不再是那個事事都要人關照的小BABY，有時去幼稚園接她晚了一些，她也不會板著小臉落落寡歡的，而是忙著幫老師收拾玩具，然後再自己把外衣穿好，靜靜地坐在

更衣室的小椅子上等媽媽。回到家裏，她往往是脫掉外衣就自己搬個小凳子、踮著小腳到冰箱裏找酸奶吃。找到後，一定要先拿給媽媽看，然後一本正經地問我：「期了嗎？」如果我說：「沒有，是媽媽剛買來的。」她就會樂顛顛地用小勺往嘴巴裏送，反之就會毫不猶豫地丟進垃圾箱。儘管我多次給她糾正：「不是『期了』，是『過期』呀寶貝！」可是下回她拿出酸奶，仍然舉到我面前問：「期了嗎？」

和「男朋友」吵架了

　　五歲的德國小男孩邁克是妞子在幼稚園的小朋友，他長得超級可愛，好像什麼都是圓乎乎的：圓圓的腦瓜兒圓圓的大眼睛，圓圓臉蛋兒圓圓的鼻頭，甚至兩隻小手都生得圓鼓鼓胖乎乎的，難怪妞子平時喜歡和他一起搭伴玩耍。每天早餐時，邁克都要替妞子占座位。傍晚時分，如果邁克的家長接他時比我早到，他一定不走，堅持陪妞子直到我出現。在這之前，妞子一直是不願意去幼稚園的，自從和邁克作了朋友後，每天晚上臨睡前都問我：「明天我還去幼稚園和邁克玩嗎？」聽到我肯定的回答方能安然入睡。上個周末，妞子回家突然說不要去幼稚園了，我忙問究竟，妞子竟然用德文一本正經地告訴我「我和我的男朋友吵架了，我再也不理他了！」她用的字眼Freund，這個詞在德文裏的通常的意義可不就是男朋友嘛，只不過從五歲的小妞子嘴裏說出來感覺上總是煞有介事地好笑。我也故作一本正經地追問她：「你是說邁克嗎？你為什麼要和

他吵架呀？」妞子義憤填膺地回答：「他把我的玩具扔到地上還不揀起來！」

是我的鞋子沒擦乾淨嗎？

前天是西方傳說當中聖誕老人的代言人尼古勞斯夜晚來為小朋友送驚喜的日子，不可原諒的是，我這個當媽的竟然把這麼重要的日子給忘到九霄雲外去了。早晨匆匆忙忙把妞子送到幼稚園，晚上接她回家時，妞子從小背包裏拿出一個彩紙包，打開一看，只見裏面包著一袋糖果和一只桔子。妞子對我說，這是幼稚園的尼古勞斯送給她的。我這時才想起來自己的疏忽，正不知如何解釋呢，妞子問我：「媽媽，小朋友都說早晨起來在鞋子裏找到了禮物，就我沒有，是我的鞋子沒擦乾淨嗎？」她這句問話反倒給了我一個台階下，我忙點頭應道：「是呀是呀，今天媽媽幫你把鞋子擦擦乾淨，你是個乖孩子，尼古勞斯怎麼會不給你禮物呢？明天早晨你肯定會找到禮物的！」聽了我的安慰，妞子高高興興地把她的小鞋子擦了又擦擺放在門口。這時，我乘機溜出門去，到超市給她買來了她喜歡的巧克力，為了彌補自己的過失，專挑最好的牌子揀。趁夜深人靜妞子熟睡之時，我又一次充當了妞子的尼古勞斯，躡手躡腳地把巧克力塞進她擦好的鞋殼裏，由於包裝大她的鞋子小塞不進去，我只好把她的鞋帶解開總算穩穩當當地塞了進去，只盼第二天的清晨能給妞子一個驚喜。

早晨起來，妞子惦記著門外的鞋子，幾次要跑出去看都被我拉回來，我說，你是乖孩子，要先穿衣洗臉，等一會上幼稚園穿鞋出門時就會知道了。她果然乖乖地把該做的都做完，然後迫不及待地穿好衣服，又跑到門外找鞋子。這時，我聽到了意料之中的歡叫：「媽媽，尼古勞斯真的給我禮物了，你看呀你看呀！」

這會兒滿意了！

說著舉到我面前又追問道：「我真的是乖孩子吧？」衝著她可愛的小模樣，我及時地按下了快門，記錄了小女驚喜的瞬間。

孩子的快樂就是這麼單純，只要我們當父母的稍微多付出一點時間和愛心，就會為他們帶來無窮的樂趣。這種樂趣看似簡單，卻能給他們帶來終身的回味……

聖誕老爺爺今天來

自妞子懂事以來，每年的聖誕夜我都會和有孩子的朋友們一起，給他們創造個有關聖誕老爺爺的美麗童話，讓孩子們在節日裏有個驚喜，有個盼望。一連幾年的聖誕之夜，我們家裏都是賓客盈門，孩子們的歡聲笑語都要把房蓋掀開了。今年的聖誕原計劃也不例外，遺憾的是，聖誕之前，以前聚會的骨

幹家庭，一家遊學美國了，一家因國內父母家裏有急事突然回國，另一家夫人身染小恙身體在痊癒階段需要靜養，不由得感嘆時光荏苒，天下沒有不散的筵席呀！

今年就剩下妞子和她的小表姐眼巴巴地等待聖誕老人了，眼看聖誕的鐘聲就要敲響，聖誕老爺爺的人選還沒確定，真急人。令人感動的是，我們的一位朋友聽說妞子的盼望後，二話不說，就在聖誕之夜驅車近一個小時從老城區風塵僕僕地趕來，因擔心在精靈的妞子面前穿幫，他還特意置辦了一頂帶霓虹燈帽沿的聖誕帽，期望那一閃一閃的霓虹燈能把妞子的注意力吸引過去，不再揣測白鬍子後面的真面孔。為了以假亂真，朋友還特意摘下了他的深度近視鏡，換上了一個大墨鏡，這樣一來，把個原本壯壯實實的「聖誕老爺爺」就顯得有些鬼頭鬼腦的，他在露台一現身，還沒容妞子和小表姐驚喜呢，大人們就忍不住笑開了懷。因為今年參加聚會的小孩子就兩個，為了助興，我把送給大朋友們的禮物也一併包好交給了「聖誕老人」派發，這下可真是難為了這位高度近視又遮個大黑墨鏡的「老爺爺」，只見他誇張地把禮物湊近眼前，一會兒把「小于」讀成「小干」，一會兒又把「大強」讀成「大弓苔」，把大家的肚子都笑疼了。禮物發完，妞子興高采烈地和小表姐忙著一樣樣地拆看，我見兩個小姑娘並未向去年一樣對聖誕老爺爺提出質疑，總算鬆了一口氣。

扮演聖誕老人的朋友剛一出門，就急不可待地一把扯下頭上的閃著霓虹燈的聖誕帽和白花花的大鬍子，只見他的頭髮已

經被汗水浸成了一絡一絡的，他大口地喘著粗氣笑著感嘆道：
「如今的孩子是越來越難騙了，這聖誕老爺爺還真不是誰都能
當的！」

　　每年的這個時刻，都是妞子最盼望最快樂的！

莉莉和小表姐拆看聖誕禮物

妞子六歲了！妞妞上學了！

　　今天是妞子剛滿六周歲的生日。今年的9月1日是妞子踏入
校門的第一天，也就是說，那天，她還未滿六周歲呢。那天，
開學典禮結束後，小小的妞子背著她碩大的書包在老師的帶領
下去認識教室，沒走幾步，就被大書包壓了個跟頭，惹得別的
家長們都憐愛地笑起來。那天，我決定自己要改掉睡懶覺的習

慣，每天一大早，要替小妞扭拎書包了，這一拎還不知要拎幾年呢。

上課第一天，我放心不下嬌滴滴的妞妞，竟然一連往學校跑了四趟，後來妞妞看到我就抗議道：「媽媽，我已經是Schulekind了，不再是小BABY！」我心說，妞妞呀，媽媽又何嘗不知道你已經慢慢長大，可你每一段新生活的開始，不都需要媽媽的悉心牽引嗎？哪怕你覺得媽媽的關心是誇張多餘的，媽媽的目光依然在追隨著我親愛的女兒每一步成長的腳印。

今天是妞妞的生日，可她卻拒絕我幫她拎書包，執意要自己背著上學放學，怕我說她會把背壓彎，還故意把小身板挺得筆直。妞妞，妞妞，雖然你是學齡孩子了，可你真得就一下子長大了嗎？不，肯定不是，你還那麼弱小，我不但擔心你能不

能背得動身上的大書包，甚至還擔心，課堂上你究竟能不能聽得懂老師在講什麼，還有體育課的跑步跳躍累不累，Hort（課後班）裏的飯菜能不能吃得下。雖然媽媽的擔心那麼多那麼多，可你依然要自己面對，因為，這是你成長道路上不可迴避的環節……

變敵為友

為了鍛煉妞妞的中文表達能力，在家裏我一直堅持用中文和她交流，所以，她一直認為媽媽是不會講德文的，講也講不好，她總是驕傲地對她的小朋友說：「我媽媽會說一點點德語，我會說很多很多德語。」我也就順水推舟地隨她這麼認為。直到不久前的一天，妞妞在hort裏受了委屈回家哭訴說，一個高年級的大胖小子名叫馬克西姆，多次用手狠狠地捏她的臉蛋，她不敢去hort了，哭咧咧地求我放學就接她回家。我安慰她說：「別怕，媽媽相信他是和你鬧著玩的，今天我會和你一起去hort找馬克西姆談這件事。」妞妞犯愁地嘆了一口氣說：「可他是個『德語』孩子呀，聽不懂你的話，怎麼辦呢？」我說：「放心吧，到時候媽媽有辦法讓他聽得懂。」六歲的妞妞雖然不再像三歲時說出「不你的，我的！」這樣的奇怪句式，但說中文又有了新的問題，她一直把德國人叫「德語人」。

第二天，我早早來到hort裏，讓妞妞指給我哪個是那個名叫馬克西姆的大胖男孩，然後也沒通過老師，一直走到那孩子跟前，很和善地對他說：「妞妞說你總是掐她的臉蛋，她很害

怕，都不敢來這裏了，我告訴她你是在和她鬧著玩呢，她不信，我現在就想知道你是不是在和她鬧著玩。」那男孩先是很緊張，聽我這一問，馬上回答說：「是呀是呀，我是和她鬧著玩的！」我說：「我也相信你是個好孩子，可是你那種玩笑的方式她不理解，還很害怕，因為她還小嘛，以後你可不可以當她的好朋友，不要讓她怕你，而是讓她喜歡你？」胖男孩像是受到了鼓舞，使勁地點頭，然後走到妞妞面前很誠懇地說：「妞妞，對不起，以後我不再做你不喜歡的事了！」處理好孩子的小糾紛後，我也舒了一口氣，放心地離開了學校。晚上接妞妞回家時，她很開心地告訴我，那個男孩對她很好，一直在照顧她，甚至別的孩子對妞妞不好他都去打抱不平，儼然成了妞妞的小保護神了。妞妞還很吃驚地對我說：「媽媽，原來你會說德語呀，馬克西姆連老師的話都不聽，可他聽你的話呢！」從那以後，妞妞再沒吵著不去hort。

司牙仙子

愛吃甜食的妞妞出了蛀牙，第一次堵牙時她不明就裏，加上對診所的設備很好奇，清洗打鑽雖然不好受，和牙醫還算配合，整個過程沒出什麼大的狀況。令我們沒想到的是，到第二次就診時，她就有了防備，先是央求我能不能不去看牙醫，被我拒絕後，吃飯時她一反常態，再也不嚷嚷牙疼，而是飯量大減。我很清楚她的小心眼兒裏在想什麼，她以為只要自己不叫牙疼就會不去看牙醫了，可是即使不叫，牙還是疼的，尤其

是吃飯的時候，所以為了避免牙疼，她就只能減少飯量了。雖然她已經到了退牙的年齡段，再忍一段時間，蛀牙自己也會脫落，但在這之前，她的身體發育就會大受影響。在我們軟硬兼施利益誘惑都無濟於事，甚至一連換了三個牙醫都沒辦法讓妞子張開她的小嘴巴的情下，我們只好聽從了醫生的建議，為了一顆小小的蛀牙，給她實施了全身麻醉。這一項醫療保險是不給報銷的，為了她的健康成長，她這顆小蟲牙不但讓我們付出了昂貴的醫藥費，麻醉過程中，我的心理也受到了強烈的衝擊，因為妞子大哭大鬧地拼命抵抗著不配合，我和她爸爸只好幫著麻醉時來控制她，直到由於麻醉的作用她的哭喊逐漸微弱下去……那一刻，我忽然感到自己是個狠毒的母親，在嬌弱的女兒最無助最需要護佑的時候，竟然夥同麻醉師來迫害自己的孩子，我辜負了妞子對我的信任和依賴……想到這裏，我情緒失控地嚎啕大哭起來，也不知是怎樣被護士拖到候診室的。

妞子傷筋動骨地這一折騰，也讓疼愛她的爸爸元氣大傷，妞子爸關照醫生，索性趁她睡著，一不做二不休，把幾年內還不能退掉的兩顆最重要的槽牙用堅實的金屬材料鑲上，這樣在妞子退牙之前就不會再受蛀牙的困擾了。

令人慶幸的是，也許是麻醉的作用，在我看來如夢魘的一幕，妞子醒來後竟然全無印象了。當她意識到她的蟲牙已被徹底拔除並在枕下發現了裝有小牙的盒子時，還天真地問我：「媽媽，是不是在我睡著的時候，Zahnfee（傳說中的司牙仙女）來看我了？」我受到啟發，順水推舟地把給她拔牙鑲牙的責任攢到了仙子的頭上。這下可好了，每每在她大笑時，有人

好奇地問起她那兩顆明晃晃的小銀牙是怎麼回事的時候，她就繪聲繪色地把我原本專為她編排的「仙子來訪」的故事講給人家聽。

蘋果汁和牛奶打架了

純蘋果汁是妞子最愛喝的飲料，一次妞子媽媽不當心，在她剛喝完蘋果汁後又給她喝了牛奶，造成了妞子鬧肚子。從那以後，妞子自己長了記性，喝完果汁再不會要牛奶喝了，她說：「蘋果汁和牛奶不是好朋友，他們會在我的肚肚裏打架的，他們打架時我就會肚子疼。」

多乾淨的雲朵呀

2002年的夏天，我曾帶妞子坐過飛機去日本度假，不過那時她才幾個月大，早忘了坐飛機的滋味了。今年夏天，我們乘飛機去美國時，不滿七歲的她似乎才對飛機有了感覺，一路上她一直很興奮，不時地把小臉貼在玻璃窗上，驚奇地觀看軒窗外的天空。當飛機穿過團團白雲時，妞子驚訝地指著窗外叫道：「媽媽快看，多乾淨天空呀，多乾淨的雲朵呀！」

多乾淨的雲朵呀！

飛機著陸的疑惑

　　從德國的柏林到美國的紐約，經過將近八個小時的飛行，飛機終於下降了。這時，妞子緊張地抱住我說：「媽媽，你可不可以要一個大傘？」我問：「要大傘做什麼？」她哭唧唧地說：「這麼高，我一個人不敢跳呀，你要個大傘，抱著我一起往下跳呀！」我這才意識到，妞子根本不知道飛機如何著陸，還以為大家都要跳傘呢，一定是從電視裏一知半解地看來的。我安慰她說：「別怕，我們誰都不需要跳傘，一會兒飛機自己就下去了。」妞子仍然不理解，一直瞪著大眼睛望著窗外，直到飛機平安著陸，她才鬆了一口氣，如夢方醒地說：「原來大飛機能變成汽車呀！」

▌▌後記

我有一個好媽媽

▶ ▶ ▶ 李自妍（15歲）

「我的媽媽是世界上最好的媽媽！」我想，所有的孩子都會這麼認為。當然，我也不例外，因為，我覺得我的母親很不同。

我的媽媽做人很簡單，想什麼就是什麼，想做什麼就去做，說話辦事兒從來不會拐彎抹角，也不會耍心眼兒，所以她的性格很像一個不懂世故的、很天真的二十五、六歲的小丫頭，誰能想到她已經是一個四十左右，給兩個懂事的女兒做媽媽的人了！

在家裏，她是一位合格的家庭主婦，她不像普通的家庭婦女一樣只是守著家，看孩子，做家務，晚上燒好飯等老公回來一起吃，累得悶悶不樂，還一肚子牢騷話。我的媽媽興趣很廣泛，不愉快的事情從不往心裏去。比如有一天爸爸在家烤肉，媽媽在廚房做沙拉，我站在媽媽的旁邊和她一邊聊天，一邊看著她做沙拉。我們本來很高興，但是聊著聊著她就說我不愛幫她做家務，我頂了她幾句，惹得她很生氣，就說不想吃晚

飯了，生氣時吃烤肉對身體不好，說著就背著健身包出了門。我以為她馬上就會回來的，可是過了二十分鐘她還沒回來，我就開始自責了，於是我飛快地騎著自行車想要盡快找到媽媽，畢竟她沒吃飯也沒帶錢出門。我到她常去的健身房找了很長時間也沒找到她，就只好騎車回家，希望媽媽已經回到家裏了。過了一會兒，媽媽果然臉蛋紅撲撲地回來了，還沒等我開口問她，她就興致勃勃地說：「蒸桑拿真舒服呀，可餓壞了，可惜那裏沒有吃的東西！」我本來要向她道歉的，一看她那津津有味吃燒烤的樣子，就知道她早就不記得自己為什麼跑出去了。以後我也要學媽媽：不要把不愉快的事情總是放在心上，像她那樣生活一定很開心。

很多人花錢找娛樂，可是媽媽的娛樂居然能掙到錢，因為她把個人愛好和工作結合到一起了，這使媽媽在工作中得到了很多快樂。

媽媽是一個電影迷，無論多忙，每年的柏林電影節她都一定會參加，電影節期間是她一年裏最興奮的時光。每當她看完一部電影，不管見到誰她都拉著人家大談這部電影，然後就一定會寫出一篇文章談她的感受。寫多了，電影節就每年都邀請她當特約記者。當然，要寫出一篇好文章必須得把一部片子看懂了。媽媽有一天借了一片電影光碟，那就是她在電影節上沒有完全看懂的一部片子，當時我看了光碟上的說明後，提醒媽媽：「這可是專門為聾啞人製作的！」媽媽聽了卻很高興，說：「太好了，那樣的話字幕就會寫得很詳細！」我反駁她：「可你又不是聾子！」媽媽反問我說：「我的英語不好，看英

文原版電影不就相當於聾子嗎？」結果她捧著詞典對照字幕，不但一句一句地反覆看，還一句一句地寫下來，她把演員的一舉一動甚至小細節都寫得很詳細。就這個樣子，一部不到三個小時的影片她看了整整兩夜。看著媽媽做的厚厚一本電影筆記，我猜想她一定比那部電影的導演做的都詳細！如果我學中文有這種態度，媽媽一定會很高興的。

現在，愛好看電影和寫作的媽媽還有很多學生，他們都是熱愛中國文化的人。

你想認識這位又是作家，又是記者，又是中文老師，又是一個很可愛的母親嗎？只要你手裏有一份德國的中文報紙，也許就會認識她，因為她的文章和身影經常在好多家雜誌報紙上出現呢！

＊註：露露的獲獎文章，該文獲得2007年度世界華人學生作文大
　　　賽一等獎。

國家圖書館出版品預行編目

三百六十分多面人 / 黃雨欣著. -- 一版. --
　　臺北市 ; 秀威資訊科技, 2009.10
　　面 ；　　公分. --(語言文學類 ; PG0252)
　　BOD版
　　ISBN 978-986-221-300-1(平裝)

　　1. 旅遊文學　2. 德國

　　743.9　　　　　　　　　　　　98017327

　　語言文學類　PG0252

三百六十分多面人

作　　　者 / 黃雨欣
發　行　人 / 宋政坤
執 行 編 輯 / 黃姣潔
圖 文 排 版 / 郭雅雯
封 面 設 計 / 陳佩蓉
數 位 轉 譯 / 徐真玉　沈裕閔
圖 書 銷 售 / 林怡君
法 律 顧 問 / 毛國樑　律師
出 版 印 製 / 秀威資訊科技股份有限公司
　　　　　　台北市內湖區瑞光路583巷25號1樓
　　　　　　電話：02-2657-9211　傳真：02-2657-9106
　　　　　　E-mail：service@showwe.com.tw
經　銷　商 / 紅螞蟻圖書有限公司
　　　　　　台北市內湖區舊宗路二段121巷28、32號4樓
　　　　　　電話：02-2795-3656　傳真：02-2795-4100
　　　　　　http://www.e-redant.com

2009 年 10 月　BOD 一版
定價：300 元

讀 者 回 函 卡

感謝您購買本書，為提升服務品質，煩請填寫以下問卷，收到您的寶貴意見後，我們會仔細收藏記錄並回贈紀念品，謝謝！

1.您購買的書名：＿＿＿＿＿＿＿＿＿＿＿＿＿＿＿＿＿

2.您從何得知本書的消息？

　　□網路書店　□部落格　□資料庫搜尋　□書訊　□電子報　□書店

　　□平面媒體　□ 朋友推薦　□網站推薦 □其他＿＿＿＿＿

3.您對本書的評價：(請填代號　1.非常滿意 2.滿意 3.尚可 4.再改進)

　　封面設計＿＿　版面編排＿＿　內容＿＿　文/譯筆＿＿　價格＿＿

4.讀完書後您覺得：

　　□很有收獲　□有收獲　□收獲不多　□沒收獲

5.您會推薦本書給朋友嗎？

　　□會　□不會，為什麼？＿＿＿＿＿＿＿＿＿＿＿＿＿＿＿＿

6.其他寶貴的意見：＿＿＿＿＿＿＿＿＿＿＿＿＿＿＿＿＿＿

＿＿＿＿＿＿＿＿＿＿＿＿＿＿＿＿＿＿＿＿＿＿＿＿＿＿＿

＿＿＿＿＿＿＿＿＿＿＿＿＿＿＿＿＿＿＿＿＿＿＿＿＿＿＿

＿＿＿＿＿＿＿＿＿＿＿＿＿＿＿＿＿＿＿＿＿＿＿＿＿＿＿

讀者基本資料

姓名：＿＿＿＿＿＿＿＿＿＿　年齡：＿＿＿＿　性別：□女 □男

聯絡電話：＿＿＿＿＿＿＿＿　E-mail：＿＿＿＿＿＿＿＿＿

地址：＿＿＿＿＿＿＿＿＿＿＿＿＿＿＿＿＿＿＿＿＿＿＿

學歷：□高中(含)以下　　□高中　　□專科學校　　□大學

　　　□研究所(含)以上 □其他＿＿＿＿＿＿＿

職業：□製造業 □金融業 □資訊業 □軍警 □傳播業 □自由業

　　　□服務業 □公務員 □教職　 □學生 □其他＿＿＿＿＿

To：114

　台北市內湖區瑞光路 583 巷 25 號 1 樓

　秀威資訊科技股份有限公司　　　收

寄件人姓名：

寄件人地址：□□□

(請沿線對摺寄回,謝謝!)

秀威與 BOD

BOD（Books On Demand）是數位出版的大趨勢，秀威資訊率先運用 POD 數位印刷設備來生產書籍，並提供作者全程數位出版服務，致使書籍產銷零庫存，知識傳承不絕版，目前已開闢以下書系：

一、BOD 學術著作—專業論述的閱讀延伸
二、BOD 個人著作—分享生命的心路歷程
三、BOD 旅遊著作—個人深度旅遊文學創作
四、BOD 大陸學者—大陸專業學者學術出版
五、POD 獨家經銷—數位產製的代發行書籍

BOD 秀威網路書店：www.showwe.com.tw
政府出版品網路書店：www.govbooks.com.tw

永不絕版的故事・自己寫・永不休止的音符・自己唱